"十四五"职业教育国家规划教材

"新标准"学前教育专业系列教材

i教育 · 融合创新一体化教材

幼儿园健康教育 与活动指导

（第二版） 微课版

主编 王潇

华东师范大学出版社
上海

图书在版编目（CIP）数据

幼儿园健康教育与活动指导 / 王潇主编.—2版
.—上海：华东师范大学出版社，2021
ISBN 978-7-5760-1955-1

Ⅰ.① 幼… Ⅱ.① 王… Ⅲ.① 健康教育—学前教育—
教学参考资料 Ⅳ.① G613.3

中国版本图书馆CIP数据核字（2021）第136913号

幼儿园健康教育与活动指导（第二版）

主　　编　王　潇
责任编辑　罗　彦
责任校对　江小华　时东明
装帧设计　庄玉侠

出版发行　华东师范大学出版社
社　　址　上海市中山北路3663号　邮编 200062
网　　址　www.ecnupress.com.cn
电　　话　021-60821666　行政传真 021-62572105
客服电话　021-62865537　门市（邮购）电话 021-62869887
地　　址　上海市中山北路3663号华东师范大学校内先锋路口
网　　店　http://hdsdcbs.tmall.com

印 刷 者　上海昌鑫龙印务有限公司
开　　本　787毫米×1092毫米　1/16
印　　张　14.5
字　　数　322千字
版　　次　2021年12月第2版
印　　次　2026年1月第9次
书　　号　ISBN 978-7-5760-1955-1
定　　价　39.00元

出 版 人　王　焰

编委会

BIAN WEI HUI

主　编　王　潇

副主编　陈　征　黄惠琴　李延君

编　委　杨慧华　朱　玮　沙　娜　骆秀萍

　　　　罗欢梅　曾　燕　钱　云

前 言
（第二版）

QIAN YAN

党的二十大报告提出：人民健康是民族昌盛和国家强盛的重要标志。幼儿健康既是个人未来持续发展的重要基石，也是国家和民族发展、强盛的重要保障。幼儿园是实施幼儿健康教育的重要场所，是协同家庭、社区积极关注并支持幼儿健康发展的纽带。因此，幼儿教师和学前教育专业学生应当认真研究幼儿健康教育的科学规律，掌握幼儿园健康教育的目标、内容和方法。

本书第一版自出版以来，经课程实施检验，取得了较好的育人效果和社会评价，并于2020年荣获"第四届全国学前教师教育案例和教研科研成果评选一等奖"。编委会在此基础上，根据师范专业认证的成果导向要求，并联合区域内的优质幼儿园，协同持续改进本书的框架和内容，为推动人民满意的幼儿健康教育整体工程贡献自己的力量。

本书第二版在调整整体框架的基础上修订而成，并入选广东省首批"十四五"职业教育规划教材。根据幼儿园健康教育的岗位核心能力要求，分别将第一版的第三关、第四关、第五关，以及第七关、第八关、第九关进行了合并，新增"评价"的相关学习要求，最终形成"认识幼儿园健康教育活动""组织幼儿心理健康教育活动""组织幼儿身体保健教育活动""组织幼儿体育活动""认识幼儿园健康教育评价"5个闯关单元和15个子任务。

本书第二版的编写结合学前教育专业学生的学习特点，以闯关和积分奖励的游戏形式展开。教材的体例设计力求体现前沿性、实操性和趣味性。具体栏目如下：

以"**闯关目标**"明晰本关的学习要求，以"**知识导图**"梳理重要知识点，以"**本关导语**"引入本关核心内容。

"**学习笔记**"是学生在开始新的闯关学习之前，对已有学习经验的总结，以及对本关拓展阅读资料开展自主学习和思考的记录。相关拓展阅读资料可以由学生自己查找收集，也可以由任课老师根据学情和教学计划做课前预习要求。

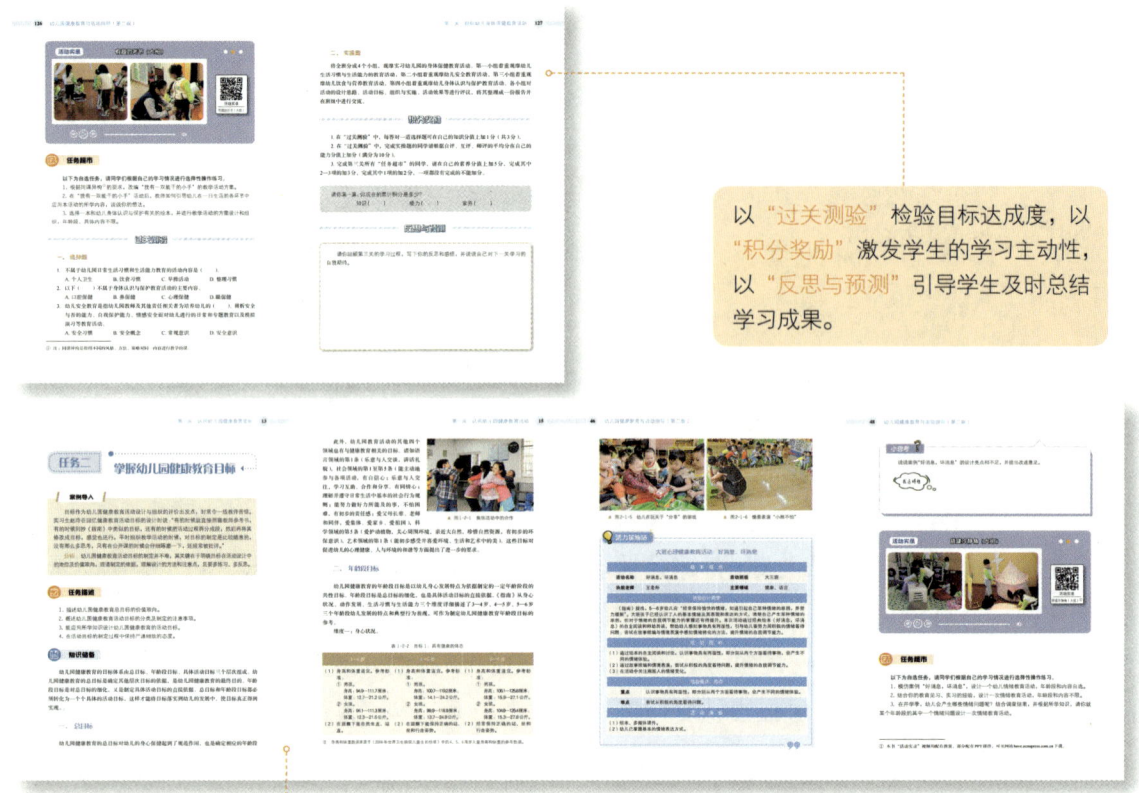

以"过关测验"检验目标达成度，以"积分奖励"激发学生的学习主动性，以"反思与预测"引导学生及时总结学习成果。

每一个任务设有"案例导入""任务描述""知识储备""活力加油站"和"任务超市"5个模块。其中，"案例导入"可以帮助学生在问题情境中思考和学习；"知识储备"设有"小示例"和"小资料"两个栏目，在理实结合地阐释各关键知识的同时，拓展学生的相关知识面。

此外，本书配有知识重点、难点微课视频及优质教学活动实录视频，以满足学生深度学习和个性化学习的需求。本书内容排列由简到繁、梯度渐进，强调学生的知识、能力和素养的全面发展；语言深入浅出，形式生动活泼，注重图文搭配，以期有效激发学生的学习兴趣和主动性。

本书由王潇统筹编写工作。其中第一关由王潇编写，第二关由王潇、李延君编写，第三关由陈征、李延君、朱玮编写，第四关由黄惠琴、李延君、杨慧华、沙娜编写，第五关由王潇编写。王潇、陈征、黄惠琴三位老师共同录制了本书的配套微课。另外，惠州市机关幼儿园、惠州市机关第一幼儿园、惠州市东江学府第二幼儿园，以及骆秀萍老师、罗欢梅老师、曾燕老师、钱云老师为本书提供了丰富的一线优质课视频资源和插图。在此对大家的辛勤劳动和真挚合作表示衷心的感谢！

在本书的编写过程中，编者参考并借鉴了国内外许多学者、专家的观点和资料，同时得到了华东师范大学出版社的鼎力支持和帮助，在此一并表示感谢！

由于编者的水平和能力有限，书中难免有不妥之处，恳请广大读者批评指正！

编　者

目 录

MU LU

微课讲解
实况详录法在幼儿健康教育评价中的应用 210

第一关　认识幼儿园健康教育活动

闯关目标

知识目标	1. 正确理解幼儿健康及幼儿健康教育的概念 2. 认识影响幼儿健康的因素 3. 掌握幼儿园健康教育活动的目标分类及制定要求 4. 掌握幼儿园健康教育活动内容的类型及编排原则
能力目标	1. 能应用所学知识设计幼儿园健康教育的活动目标 2. 能筛选并合理设计幼儿园健康教育活动的内容
素养目标	1. 树立对本课程学习的兴趣和信心，关注健康教育发展的前沿动态 2. 在制定活动目标时保持严谨细致的态度 3. 重视自然教育对幼儿健康成长的重要价值

知识导图

本关导语	→	树立幼儿健康 教育理念	→	掌握幼儿园健康 教育目标	→	探寻幼儿园健康 教育内容
● 拥有健康是每一 个公民的权利		● 健康的概念及 特质 ● 幼儿健康的概 念及影响因素 ● 幼儿健康教育 的概念及价值 ● 幼儿园健康教 育活动的特点		● 总目标 ● 年龄段目标 ● 具体活动目标		● 幼儿园健康教 育内容的类型 与范围 ● 幼儿园健康教 育内容的编排 原则 ● 幼儿园健康教 育活动内容的 来源

本关导语

拥有健康是每一个公民的权利。《世界人权宣言》提出："人人有权享受为维持他本人和家属的健康和福利所需的生活水准，包括食物、衣着、住房、医疗和必要的社会服务；在遭到失业、疾病、残废、守寡、衰老或在其他不能控制的情况下丧失谋生能力时，有权享受保障。母亲和儿童有权享受特别照顾和协助。一切儿童，无论婚生或非婚生，都应享受同样的社会保护。"维护每一个个体的健康是法律赋予社会的责任，保证幼儿生命健康则是社会赋予教育者和养育者的时代使命。幼儿教师在开展健康教育前必须树立科学的幼儿健康教育理念，明确幼儿园健康教育的目标和内容。

原始积分

知识（10分）　　　　　　　能力（10分）　　　　　　　素养（10分）

📝 **学习笔记**

树立幼儿健康教育理念

案例导入

　　一位幼儿教师在"关于幼儿园健康教育活动总体认识和评价"的采访中说道："虽然健康同语言、社会、科学、艺术并称五大领域，且居于首位，但是教师对于健康的认识并不如语言、艺术等那么明确。许多教师浅显地认为健康不就是吃喝拉撒睡正常、身体强壮吗？许多教师从小到大都没有上过健康课，大学上学前卫生学、解剖生理学也是蜻蜓点水，连皮毛都没有弄明白，更不用说对幼儿健康有正确的理解了，大家只是在承袭老教师的经验。对于现在强调的情绪情感经验、性别教育、疾病传染与预防等健康教育内容，教师缺乏自觉的意识，且在教育幼儿时出现只凭经验、不顾幼儿的现象。"①

　　分析：这段采访显示，许多幼儿教师对开展幼儿园健康教育的重要性、内容、方法等方面的理解存在不足，这既与传统的幼儿园教育范式有关，又与职前师资培养的课程体系有关。在此需要强调的是，所有准备加入或已经加入幼儿教育行列的人员，都应明确"健康"在幼儿园教育中的首要位置，树立正确的幼儿健康教育理念。

任务描述

1. 记忆幼儿健康及幼儿健康教育的概念。
2. 列举幼儿健康的影响因素。
3. 概述幼儿园健康教育活动的特点。
4. 认同幼儿健康教育的意义，关注幼儿健康教育发展的前沿动态。

知识储备

一、健康的概念及特质

（一）概念的演变

　　健康是一个发展着的概念。不同历史时期，人们对健康的理解也不同。

---

① 宋彩波.西安市城区10所幼儿园健康领域课程实施现状的调查研究［D］.西安：陕西师范大学，2015：44.

▲ 图1-1-1　幼儿在体育活动中获得愉悦感

传统观念认为，健康是没有疾病、没有伤残、身强力壮。但这不是健康的全部，因为人除了身体之外，还拥有自己的思维和复杂的社会生活，人的健康应该有更为丰富的含义。

1947年，世界卫生组织（WHO）提出了著名的健康三维概念：健康是一种生理、心理和社会适应的健全状态，而不仅是没有疾病。这一定义将健康限定在生理、心理和社会适应三个方面，从而推动人们多维度地去衡量健康，使人们更为全面地认识健康，且被众多领域的学者认可。

20世纪90年代，世界卫生组织进一步定义了四维健康新概念：健康是一种生理健康、心理健康、社会适应健康和道德完善的良好状态。其将道德修养作为精神健康的内涵，认为：健康者不会以损害他人的利益来满足自己的需要，具有辨别真伪、善恶、美丑、荣辱等是非观念，能按照社会行为的规范准则来约束自己及支配自己的思想和行为。这是对健康更为全面、科学、完整、系统的定义，有利于解决健康的个人权利与社会义务之间的冲突。

（二）健康的特质

1. 整体性

由世界卫生组织对健康概念的最新界定可以发现：健康被赋予了生物学、心理学和社会学等多个层面的意义。人类应从生理、心理、社会及道德四个维度提高生命的质量，系统、发展地看待自己的健康，树立正确的健康观，同时应意识到每一个个体不仅要对自己的健康负责，还要为促进他人和社会的健康承担相应的责任和义务。

2. 动态性

健康和疾病不存在明确的界限，"完全健康"和"完全疾病"都是不可能的。现代医学提出了亚健康的概念，即机体虽无明显或明确的疾病，却呈现出活力降低、代谢缓慢、生理功能低下的状态。处于亚健康的个体数量是相当多的，且亚健康状态极有可能发展为各种疾病。因此，健康状态会因个体活动而不断变化，如果人们能够积极参与健康行动，较为准确地把握自身不断变化的身心状态，将有助于防患于未然，使自身的健康情况趋向于比较理想的状态。

3. 客观性

个体的健康状况是可以运用一定的客观指标加以衡量的。身体健康与否可以通过形态指标、生理机能指标、生化指标等进行测定；心理健康也可以通过相关测量工具来进行比较客观的评价，例如阿亨巴赫（Achenbach）儿童行为量表就是对幼儿心理健康进行

亚健康状态的范畴[①]

依据世界卫生组织提出的健康概念，亚健康状态包括以下范畴。

（1）无自觉症状或症状轻微，但已有潜在病理信息者。

（2）亚临床的带菌者、带病毒者，及带原虫等其他病原体者。

（3）有免疫状态改变者，如过敏体质、免疫机能低下。

（4）由不合理膳食、缺少运动所致的肥胖。

（5）长期大量吸烟、酗酒者。

（6）轻度或临界的代谢异常，如离子、血脂、血黏度、尿酸、纤维蛋白原、氧自由基等血液成分改变，及高胰岛素血症、糖耐量异常等。

（7）慢性疲劳综合征。

（8）心理障碍：情绪障碍、神经质、神经症、心身失调。

（9）信息过剩综合征。

（10）疾病治愈恢复期的虚弱状态。

（11）生理性衰老。

（12）隐性遗传疾病。

（13）情感的、行为的、道德的、社会适应能力的亚健康状态。

（14）生物节律的脆弱期，如更年期、经前期、老年期等。

评估的常用量表；随着人们对健康研究的深入，还出现了众多面向不同人群的综合型健康测量工具，例如健康测量量表SF-36从生理功能、生理职能、身体疼痛、总体健康、活力、社会功能、情感职能、精神健康等维度（36个条目），比较直观、全面地反映人群的健康状况。

4. 主观性

健康的主观性，实际上是在强调健康的心理层面。个体健康与否，不仅可以被客观指标测量，其主观感觉的反映也是一个重要的衡量指标。

5. 调适性

健康意味着有机体能够有效地适应内外环境。真正的健康不仅指个体在当时能适应良好，同时也应具备抵抗未来威胁的能力。

[①] 袁云娥，吴小苏，谭燕.亚健康概念及其研究进展［J］.中国医院，2004（04）：56.

二、 幼儿健康的概念及影响因素

（一）幼儿健康的概念

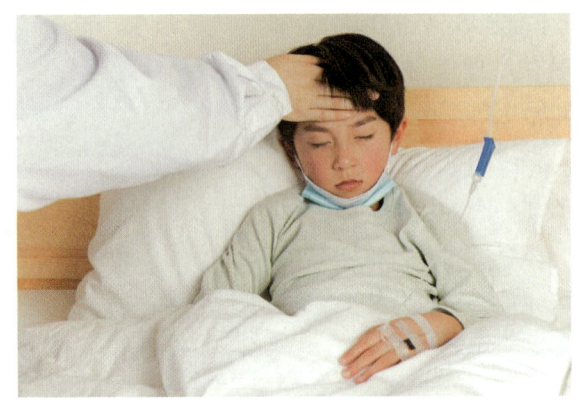

▲ 图1-1-2　幼儿因发热而无法安然入睡

虽然人们为健康赋予了多个层面的内涵，但对于道德发展水平十分有限的幼儿来说，身体健康和心理健康还是判断其健康状况的主要标志。幼儿健康是指幼儿的各个器官、组织生长发育正常，能较好地抵抗各种急、慢性疾病；性格开朗，情绪乐观，无心理障碍，对环境有较快的适应能力。

幼儿阶段是身体发育和机能发展极为迅速的时期，也是形成安全感和乐观态度的重要阶段。一个头疼发热或严重腹泻的幼儿无法正常饮食或者安然入睡；一个骨折的幼儿可能无法独立如厕；一个脑伤的幼儿有可能失去记忆；一个情绪过分紧张的幼儿无法较快适应新环境。因此，健康是幼儿幸福快乐的源泉，也是进行有效学习和促进各方面发展的重要基石。

（二）幼儿健康的影响因素

1. 自身因素

（1）遗传因素。受遗传因素影响，幼儿可能会有一些先天性的遗传疾病或缺陷。

▲ 图1-1-3　不良的自然环境会影响个体的健康

（2）生理因素。比如细胞、组织、器官和系统的机能，以及在不同环境下机体的各个组成部分和整体的反应。特别是由于病变、外伤、中毒等原因而引起的幼儿神经系统，尤其是脑的损伤，会随之造成个体生理活动失常，还可引起各内脏器官器质性或功能性的继发改变。

2. 环境因素

（1）自然环境。自然环境是自然界固有的，但也受到人类的影响。良好的自然环境（如充足的阳光、新鲜的空气、清洁的水源等）提供了各类物质条件，从而维持和促进个体的生命健康，同时也提供了精神条件，使个体清醒愉悦、积极向上。不良的自然环境（如不适的温度、湿度、照明、噪声、空间等），会影响个体的生长发育，影响情绪和行为。

自然环境污染是影响幼儿健康的一个不容忽视的因素。例如：全球气候变暖提高了与温度和湿度关系密切的传染病发生的概率，幼儿发病率和死亡率随之增加；臭氧层耗减使得幼儿患皮肤癌的可能性增大；酸雾、酸雨导致幼儿呼吸系统感染率增加；室内污染源增多（如文具污染、铅污染、杀虫剂污染、电磁场污染、吸烟污染等），严重影响了幼儿的健康；长期高强度的噪声刺激会使幼儿大脑皮层的兴奋抑制过程失调，条件反射异常，脑血管功能受损，自主神经功能紊乱，产生头痛、耳鸣、心悸、失眠、嗜睡、乏力等症状；在狭小的空间环境中生活的幼儿，其侵犯性行为增多，焦虑水平升高。

（2）社会环境。社会环境对幼儿健康产生了重要影响，其结果主要体现在幼儿的心理和行为表现特征上，而这些特征恰恰是影响幼儿健康成长的一些关键因素。将幼儿生活的社会环境按照场所划分，影响较大的主要是家庭、托幼机构和社区。

① 家庭的影响。家庭是幼儿早期生活基本的社会环境。家庭经济、营养状况、家庭结构、家庭氛围、家庭的教养方式和态度、家长的身心素质和生活方式等都与幼儿的生长发育和身心健康密切相关。比如，"关于家长与子女饮食爱好相关度的调查与对策"的研究结果显示：幼儿与父母饮食爱好均呈正相关的占12.9%，与父亲饮食爱好显著相关的占19.35%，与母亲饮食爱好显著相关的高达67.74%，与父母饮食爱好均不相关的为0。[1]因此，幼儿的饮食结构、营养状况与父母密切相关。又如，父母采取专制的教养方式，幼儿不易出现主动的、积极的健康行为；然而，父母视幼儿为独立的个体并培养其负责任的态度，这样的教养方式则有利于幼儿健康行为的形成。[2]所以，父母的教养方式与幼儿健康行为的养成相关。

② 托幼机构的影响。托幼机构是影响幼儿身心健康的重要社会环境因素。托幼

▲ 图1-1-4　家庭对幼儿的饮食偏好会产生影响

▲ 图1-1-5　托幼机构的健康检查

---

① 顾荣芳.学前儿童健康教育［M］.北京：高等教育出版社，2017：34.
② Lewis C E, et al. Peer pressure and risk-taking behaviors in children［J］. American Journal of Public Health, 1984，74（6）：580—584.

机构保健设施的完善程度和服务质量（如管理制度、整体风气、教师素质、教育态度、教育观念和师幼关系等）直接影响着幼儿的健康状况。幼儿园提供的保健服务不仅应体现在供给合理平衡的膳食、安全的用水、基本的卫生设施，对幼儿进行健康检查、生长发育的评价、身心疾病的防治、心理咨询、预防接种、生活的照顾，建立家园联系等方面，而且还应体现在对幼儿实施的健康教育上。

③ 社区的影响。社区是由生活在一定地域范围内的人所形成的一种社会生活共同体，它既是人们聚集、生活的一定地域，也是社会成员参与社会活动的基本场所。周围的一些人口、地理、环境、经济、文化、社会组织等资源，都将对幼儿健康产生影响。社区中的健康教育机构、医疗卫生机构、宣传和新闻部门、文化和娱乐部门、各类社会团体等，都是我们可利用的社会环境资源。

三、 幼儿健康教育的概念及价值

（一）幼儿健康教育的概念

幼儿健康教育就是根据幼儿身心发展的特点，为提高幼儿健康认识，改善幼儿健康态度，培养幼儿健康行为，保持和促进幼儿健康而进行的有目的、有计划的教育活动。

（二）幼儿健康教育的意义

《幼儿园教育指导纲要（试行）》（以下简称《纲要》）明确要求："幼儿园必须把保护幼儿的生命和促进幼儿的健康放在工作的首位。"可见，对幼儿进行健康教育具有十分重要的意义。

1. 幼儿健康教育是保护幼儿健康成长的特殊需要

幼儿身体的器官、系统的发育和功能尚未完善，自我保护意识、对疾病的抵抗能力、对环境的适应能力较弱，容易受到伤害。此外，幼儿心理发展迅速，易受多种因素影响。因此，幼儿要接受适当的健康教育，参与力所能及的健康活动，以学到更多的健康知识，改善自己的健康态度，形成有利于自身和他人的健康行为。

▲ 图1-1-6 幼儿学习体操有利于其素质的全面发展

2. 幼儿健康教育将为幼儿一生的健康和生活奠定良好的基础

幼儿健康教育是终身健康教育的基础阶段，幼儿时期的健康不仅能提高幼儿的生命质量，而且为其以后一生的健康奠定了基础，赢得了时间。

3. 幼儿健康教育是对幼儿进行全面素质教育的重要组成部分

幼儿的全面素质教育包括身心健康素质的教育、智能素质的教育、品德素质的教育和审美素质的教育。幼儿健康教育在促进幼儿身心健康发展的同时，还能促进幼儿其他方面的发展。比如，幼儿学习体操，不仅能锻炼身体，而且能学习如何与同伴相处，能欣赏美的音乐和美的动作等，这些都有利于幼儿全面素质的发展。

4. 幼儿的身心健康是国家、民族发展的需要

《中共中央国务院关于深化教育改革全面推进素质教育的决定》指出："健康体魄是青少年为祖国和人民服务的基本前提，是中华民族旺盛生命力的体现。"幼儿的健康是提高人口素质、民族素质的重要保证。

小资料

国际社会对健康教育的认识 [①]

联合国教科文组织在2000年达喀尔世界教育论坛上发表的《学校健康与营养》专题研究报告指出，前十年的有关研究发现，健康教育要想在数量与品质上有所提高，就需要教育部门本身起到带头作用，并归纳出指导健康教育发展的十项重要研究结论。

（1）基于学校的营养和健康教育能够改善（学生的）学业表现。

（2）学生的健康和营养状况影响（学校的）招生率、保持率和缺席率。

（3）教育有助健康。

（4）教育能够提高社会公平和性别平等。

（5）有助于促进教师的健康、士气和教学质量。

（6）健康促进和疾病预防项目是高效益低成本的。

（7）在学校对年轻人实施教育可以减少社区的疾病。

（8）多元协作战略比单一战略效果更好，但制定针对任何一个对象的多元协作战略必须谨慎。

（9）采用技能取向的互动式方法进行健康教育是最有效的。

（10）经过培训的教师所实施的健康教育对学生健康知识和技能的获取会产生更显著的成效。

以上的研究结论涉及健康和教育的关系，健康对学生、教师、社会的作用，以及健康教育的政策制定、开展和师资等方面，由此显示国际社会对健康教育的重要性同样持充分认同的态度。

---

① 李丽桦.近年来国外健康教育开展情况概述［J］.上海教育科研，2007（04）：16.

四、 幼儿园健康教育活动的特点

（一）生活化

幼儿园健康教育是渗透在幼儿园一日生活中的，健康教育活动的内容具有启蒙性、基础性的特点，与幼儿的生活息息相关，是幼儿周围环境中的生活常识，也是保护生命、健康成长需要学习的基本内容和技能。

（二）整合性

▲ 图1-1-7 利用故事开展健康教育活动

第一，幼儿园健康教育活动涉及幼儿的生活教育、安全教育、身体锻炼、心理健康教育等方面。

第二，幼儿园健康教育活动的目标是与其他领域的教育整合在一起来实现的。例如：可以利用故事、儿歌和散文等文学作品来开展健康教育活动；可以结合科学活动来了解人体构造的基本知识，养成良好的生活习惯；可以结合社会活动，因为该领域活动的目的就是认识与他人的关系，建立良好的人际关系，学习与他人相处，培养社会适应能力。

（三）多样性

（1）途径的多样性：幼儿园健康教育活动可通过生活活动、自主游戏活动、学习活动、体育活动等多种途径实施，也可以结合幼儿园、家长、社区的资源优势，开展综合的健康教育活动。

（2）形式的多样性：幼儿园健康教育活动可以灵活地采用集体、小组和个别活动等组织形式。

 活力加油站

《3—6岁儿童学习与发展指南》中健康领域的常见解读误区

2012年10月，教育部正式颁布《3—6岁儿童学习与发展指南》（以下简称《指南》）。多年来，《指南》在幼儿健康教育领域中发挥了一定的专业引领作用，但在对其解读的过程中，也伴随着一些误区。

1. 将"领域"割裂化

《指南》的正文部分对五个领域分别进行了发展性描述并提出了相应的教育建议，这使得一部分教育工作者误以为：幼儿园教育的五个领域是割裂的，是不可以互相融合的，在健康教育活动设计与组织中不能出现其他领域的内容。幼儿的教育是启蒙教育，也是全面发展教育。教育工作者在健康教育活动的设计与组织中，在明确主题要求的前提下，应充分利用和发挥幼儿教育各领域内容的特点和优势，将其整合、融入健康教育中，优化幼儿园健康教育活动的效果，使健康教育教学活动更生动、更丰富、更有内涵。

2. 将"目标"标准化

有人误将《指南》理解为权威的标准化测量工具，要求每一个孩子的健康发展均达到《指南》中健康领域相应年龄段各个维度的目标，并对孩子进行测量。诚然，《指南》健康领域中的部分目标描述，尤其是"动作发展"目标部分的典型表现描述容易引起误读，但我们必须明确的是，《指南》目标部分的真正要义在于"提出大致的合理期望""指明学习与发展的方向"，也就是说，《指南》是3—6岁儿童学习与发展的方向性参考，而不是统一的标尺。在解读与实施《指南》健康领域目标时，应考虑到幼儿的个体发展差异，支持和引导他们从原有水平向更高水平发展，按照自身的速度和方式到达《指南》所呈现的发展"阶梯"，切忌用一把"尺子"衡量所有幼儿。

3. 将"活动"专训化

针对《指南》健康领域中的某些部分"量化"的描述，一些教育者将其误解为要以《指南》为依据，在幼儿阶段的健康教育活动中进行专门化训练，以使幼儿在健康领域的各部分"达标"。有些幼教机构，将健康领域的"量化"内容指定为专门的训练项目，作为教师工作考核的标准，要求在一日活动中贯彻执行；有些学前教育师资的培训机构、院校，要求学生将这些"量化"指标完美地应用在幼儿健康教育活动的设计、组织与评价中，并将其作为一项重要技能，考核学生的学习成果。这些行为，不仅不利于幼儿的健康发展，而且是一种潜在性破坏。《指南》指出："幼儿的学习是以直接经验为基础，在游戏和日常生活中进行的。"我们可以通过生活化的游戏或者操作、体验活动等，开展多种形式的幼儿健康教育，根据本地区、本园、本班幼儿自身的学习和发展特点进行内容编排，严禁"拔苗助长"式的超前教育和强化训练。

4. 将"评价"功利化

《指南》大篇幅地采用目标表格和教育建议的形式对幼儿各领域的发展情况进行了指引。部分解读者断章取义地认为知识和技能是幼儿健康发展的重要评价维度，而忽略了幼儿情感和态度方面的过程性评价。《指南》在"说明"部分明确指出："幼儿在活动过程中表现出的积极态度和良好行为倾向是终身学习与发展所必需的宝贵品质。要充分尊重和保护幼儿的好奇心和学习兴趣，帮助幼儿逐步养成积极主动、认真专注、不怕困难、敢于探究和尝试、乐于想象和创造等良好学习品质。忽视幼儿学习品质培养，单纯追求知识技能学习的做法是短视而有害的。"因此，在评价幼儿园健康教育活动的设计与组织时，我们应更多关注幼儿在健康领域的积极学习品质的逐步形成，而这部分内容，往往很难以外显结果的形式进行考量，需要教师在活动中认真观察幼儿、记录幼儿的典型行为表现，分析幼儿在活动中的积极态度和行为倾向的水平，并结合分析结果反思、调整教育活动。

1. 如何理解上文所述的"生活化的游戏或者操作、体验活动"？

2. 请举例说明，幼儿在健康教育活动中的"积极学习品质"可以表现为哪些具体行为。

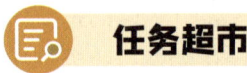

任务超市

以下为自选任务，请同学们根据自己的学习情况进行选择性操作练习。

1. 认真学习教育部颁布的《3—6岁儿童学习与发展指南》，尝试概括幼儿健康教育领域的要点。

2. 说一说《指南》与《纲要》对幼儿健康教育领域的描述有什么不同。

3. 以"基于《指南》的健康教育解读"为主题，撰写一份家长会演讲稿，年龄段自选，字数不限。

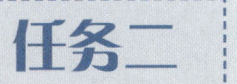

掌握幼儿园健康教育目标

案例导入

　　目标作为幼儿园健康教育活动设计与组织的评价出发点，时常令一线教师苦恼。实习生赵玲在回忆健康教育活动目标的设计时说："有的时候就直接照搬教师参考书，有的时候则抄《指南》中类似的目标，还有的时候把活动过程拆分成段，然后再将其修改成目标，感觉也还行。平时组织教学活动的时候，对目标的制定是比较随意的，没有那么多思考，只有在公开课的时候会仔细琢磨一下，还经常被批评。"

　　分析： 幼儿园健康教育活动目标的制定并不难，其关键在于明确目标在活动设计中的地位及价值取向，理清制定的依据，理解设计的方法和注意点，且要多练习、多反思。

任务描述

1．描述幼儿园健康教育总目标的价值取向。
2．概述幼儿园健康教育活动目标的分类及制定的注意事项。
3．能应用所学知识设计幼儿园健康教育的活动目标。
4．在活动目标的制定过程中保持严谨细致的态度。

知识储备

　　幼儿园健康教育的目标体系由总目标、年龄段目标、具体活动目标三个层次组成。幼儿园健康教育的总目标是确定其他层次目标的依据，是幼儿园健康教育的最终目的。年龄段目标是对总目标的细化，又是制定具体活动目标的直接依据。总目标和年龄段目标都必须转化为一个个具体的活动目标，这样才能将目标落实到幼儿的发展中，使目标真正得到实现。

一、总目标

　　幼儿园健康教育的总目标对幼儿的身心保健起到了规范作用，也是确定相应的年龄段目标及具体活动目标的依据。《纲要》提出了幼儿园健康领域的总目标，即：

（1）身体健康，在集体生活中情绪安定、愉快。

（2）生活、卫生习惯良好，有基本的生活自理能力。

（3）知道必要的安全保健常识，学习保护自己。

（4）喜欢参加体育活动，动作协调、灵活。

上述目标可以视为当前我国幼儿园健康教育的总目标。它表明了以下三种价值取向：

第一，身心和谐。（总目标的第1、2、4条）

幼儿的身体健康以发育健全、具备基本的生活自理能力为主要特征；幼儿的心理健康以情绪积极愉快、社会交往和谐、行为习惯良好为主要特征。由于幼儿的身体健康与心理健康是密不可分的两个方面，因此有的目标（如"生活、卫生习惯良好"）既包含日常生活中的盥洗、排泄等生理意义的卫生习惯，也包含不吮吸手指等心理意义的问题行为。身心和谐发展才是真正意义上的健康。

第二，保护与锻炼并重。（总目标的第3、4条）

幼儿园健康教育既重视掌握必要的保健知识，以提高自我保护的能力，又强调通过体育活动提高身体素质。

第三，健康行为的形成与健康态度的转变并重。（总目标的第4条）

探讨幼儿健康行为的建立、改变和巩固的一般规律是幼儿健康教育研究的重点，幼儿健康行为的形成是幼儿健康教育的核心目标。同时，随着健康教育价值取向的变化，幼儿园健康教育的目标较多地使用了"喜欢""体验""感受""乐意""合作""参与""探索"等词汇，强调健康生活、体育锻炼等良好习惯的形成，突出了情感、态度、价值观等方面的取向。

小示例

《纲要》实施前后幼儿园健康教育活动目标的变化

表 1-2-1　《纲要》实施前后幼儿园健康教育活动目标的比较

活动名称：有趣的皮球（小班）	活动名称：有趣的皮球（小班）
（1）让幼儿学会单手拍球。 （2）提高幼儿动作的灵活性、协调性。	（1）喜欢参加体育活动。 （2）能尝试各种不同的玩球方法，发挥想象力和创造力。 （3）提高动作的协调性、灵活性。
在这一目标表述中，突出的是动作技能方面的培养。	在这一目标表述中，不仅有动作技能方面的培养，而且突出了情感、态度及认知方面的培养。

此外，幼儿园教育活动的其他四个领域也有与健康教育相关的目标。诸如语言领域的第1条（乐意与人交谈，讲话礼貌），社会领域的第1至第5条（能主动地参与各项活动，有自信心；乐意与人交往，学习互助、合作和分享，有同情心；理解并遵守日常生活中基本的社会行为规则；能努力做好力所能及的事，不怕困难，有初步的责任感；爱父母长辈、老师和同伴，爱集体、爱家乡、爱祖国），科

▲ 图1-2-1　集体活动中的合作

学领域的第5条（爱护动植物，关心周围环境，亲近大自然，珍惜自然资源，有初步的环保意识），艺术领域的第1条（能初步感受并喜爱环境、生活和艺术中的美）。这些目标对促进幼儿的心理健康、人与环境的和谐等方面提出了进一步的要求。

二、　年龄段目标

幼儿园健康教育的年龄段目标是以幼儿身心发展特点为依据制定的一定年龄阶段的共性目标。年龄段目标是总目标的细化，也是具体活动目标的直接依据。《指南》从身心状况、动作发展、生活习惯与生活能力三个维度详细描述了3—4岁、4—5岁、5—6岁三个年龄段幼儿发展的特点和典型行为表现，可作为制定幼儿园健康教育年龄段目标的参考。

维度一：身心状况。

表1-2-2　目标1：具有健康的体态

3—4岁	4—5岁	5—6岁
（1）身高和体重适宜。参考标准： ① 男孩。 　身高：94.9—111.7厘米； 　体重：12.7—21.2公斤。 ② 女孩。 　身高：94.1—111.3厘米； 　体重：12.3—21.5公斤。	（1）身高和体重适宜。参考标准： ① 男孩。 　身高：100.7—119.2厘米； 　体重：14.1—24.2公斤。 ② 女孩。 　身高：99.9—118.9厘米； 　体重：13.7—24.9公斤。	（1）身高和体重适宜。参考标准： ① 男孩。 　身高：106.1—125.8厘米； 　体重：15.9—27.1公斤。 ② 女孩。 　身高：104.9—125.4厘米； 　体重：15.3—27.8公斤。
（2）在提醒下能自然坐直、站直。	（2）在提醒下能保持正确的站、坐和行走姿势。	（2）经常保持正确的站、坐和行走姿势。

注：身高和体重数据来源于《2006年世界卫生组织儿童生长标准》中的4、5、6周岁儿童身高和体重的参考数据。

表 1-2-3　目标 2：情绪安定愉快

3—4 岁	4—5 岁	5—6 岁
（1）情绪比较稳定，很少因一点小事哭闹不止。 （2）有比较强烈的情绪反应时，能在成人的安抚下逐渐平静下来。	（1）经常保持愉快的情绪，不高兴时能较快缓解。 （2）有比较强烈情绪反应时，能在成人提醒下逐渐平静下来。 （3）愿意把自己的情绪告诉亲近的人，一起分享快乐或求得安慰。	（1）经常保持愉快的情绪。知道引起自己某种情绪的原因，并努力缓解。 （2）表达情绪的方式比较适度，不乱发脾气。 （3）能随着活动的需要转换情绪和注意。

表 1-2-4　目标 3：具有一定的适应能力

3—4 岁	4—5 岁	5—6 岁
（1）能在较热或较冷的户外环境中活动。 （2）换新环境时情绪能较快稳定，睡眠、饮食基本正常。 （3）在帮助下能较快适应集体生活。	（1）能在较热或较冷的户外环境中连续活动半小时左右。 （2）换新环境时较少出现身体不适。 （3）能较快适应人际环境中发生的变化。如换了新老师能较快适应。	（1）能在较热或较冷的户外环境中连续活动半小时以上。 （2）天气变化时较少感冒，能适应车、船等交通工具造成的轻微颠簸。 （3）能较快融入新的人际关系环境。如换了新的幼儿园或班级能较快适应。

维度二：动作发展。

表 1-2-5　目标 1：具有一定的平衡能力，动作协调、灵敏

3—4 岁	4—5 岁	5—6 岁
（1）能沿地面直线或在较窄的低矮物体上走一段距离。 （2）能双脚灵活交替上下楼梯。 （3）能身体平稳地双脚连续向前跳。 （4）分散跑时能躲避他人的碰撞。 （5）能双手向上抛球。	（1）能在较窄的低矮物体上平稳地走一段距离。 （2）能以匍匐、膝盖悬空等多种方式钻爬。 （3）能助跑跨跳过一定距离，或助跑跨跳过一定高度的物体。 （4）能与他人玩追逐、躲闪跑的游戏。 （5）能连续自抛自接球。	（1）能在斜坡、荡桥和有一定间隔的物体上较平稳地行走。 （2）能以手脚并用的方式安全地爬攀登架、网等。 （3）能连续跳绳。 （4）能躲避他人滚过来的球或扔过来的沙包。 （5）能连续拍球。

表 1-2-6　目标 2：具有一定的力量和耐力

3—4 岁	4—5 岁	5—6 岁
（1）能双手抓杠悬空吊起10秒左右。 （2）能单手将沙包向前投掷2米左右。 （3）能单脚连续向前跳2米左右。 （4）能快跑15米左右。 （5）能行走1公里左右（途中可适当停歇）。	（1）能双手抓杠悬空吊起15秒左右。 （2）能单手将沙包向前投掷4米左右。 （3）能单脚连续向前跳5米左右。 （4）能快跑20米左右。 （5）能连续行走1.5公里左右（途中可适当停歇）。	（1）能双手抓杠悬空吊起20秒左右。 （2）能单手将沙包向前投掷5米左右。 （3）能单脚连续向前跳8米左右。 （4）能快跑25米左右。 （5）能连续行走1.5公里以上（途中可适当停歇）。

表 1-2-7　目标 3：手的动作灵活协调

3—4 岁	4—5 岁	5—6 岁
（1）能用笔涂涂画画。 （2）能熟练地用勺子吃饭。 （3）能用剪刀沿直线剪，边线基本吻合。	（1）能沿边线较直地画出简单图形，或能边线基本对齐地折纸。 （2）会用筷子吃饭。 （3）能沿轮廓线剪出由直线构成的简单图形，边线吻合。	（1）能根据需要画出图形，线条基本平滑。 （2）能熟练使用筷子。 （3）能沿轮廓线剪出由曲线构成的简单图形，边线吻合且平滑。 （4）能使用简单的劳动工具或用具。

维度三：生活习惯与生活能力。

表 1-2-8　目标 1：具有良好的生活与卫生习惯

3—4 岁	4—5 岁	5—6 岁
（1）在提醒下，按时睡觉和起床，并能坚持午睡。 （2）喜欢参加体育活动。 （3）在引导下，不偏食、挑食。喜欢吃瓜果、蔬菜等新鲜食品。 （4）愿意饮用白开水，不贪喝饮料。 （5）不用脏手揉眼睛，连续看电视等不超过15分钟。 （6）在提醒下，每天早晚刷牙、饭前便后洗手。	（1）每天按时睡觉和起床，并能坚持午睡。 （2）喜欢参加体育活动。 （3）不偏食、挑食，不暴饮暴食。喜欢吃瓜果、蔬菜等新鲜食品。 （4）常喝白开水，不贪喝饮料。 （5）知道保护眼睛，不在光线过强或过暗的地方看书，连续看电视等不超过20分钟。 （6）每天早晚刷牙、饭前便后洗手，方法基本正确。	（1）养成每天按时睡觉和起床的习惯。 （2）能主动参加体育活动。 （3）吃东西时细嚼慢咽。 （4）主动饮用白开水，不贪喝饮料。 （5）主动保护眼睛。不在光线过强或过暗的地方看书，连续看电视等不超过30分钟。 （6）每天早晚主动刷牙，饭前便后主动洗手，方法正确。

表 1-2-9　目标 2：具有基本的生活自理能力

3—4 岁	4—5 岁	5—6 岁
（1）在帮助下能穿脱衣服或鞋袜。 （2）能将玩具和图书放回原处。	（1）能自己穿脱衣服、鞋袜，扣纽扣。 （2）能整理自己的物品。	（1）能知道根据冷热增减衣服。 （2）会自己系鞋带。 （3）能按类别整理好自己的物品。

表 1-2-10　目标 3：具备基本的安全知识和自我保护能力

3—4 岁	4—5 岁	5—6 岁
（1）不吃陌生人给的东西，不跟陌生人走。 （2）在提醒下能注意安全，不做危险的事。 （3）在公共场所走失时，能向警察或有关人员说出自己和家长的名字、电话号码等简单信息。	（1）知道在公共场合不远离成人的视线单独活动。 （2）认识常见的安全标志，能遵守安全规则。 （3）运动时能主动躲避危险。 （4）知道简单的求助方式。	（1）未经大人允许不给陌生人开门。 （2）能自觉遵守基本的安全规则和交通规则。 （3）运动时能注意安全，不给他人造成危险。 （4）知道一些基本的防灾知识。

小思考

　　阅读《指南》中的各年龄段幼儿发展的特点和典型行为表现，圈出各发展目标在不同年龄段的关键词，试比较各发展目标在不同年龄段的差异。

我这样想

三、 具体活动目标

具体活动目标的制定要以总目标和年龄段目标为依据；总目标和年龄段目标只有转化为具体活动目标时，才能真正落实到幼儿的健康教育中。虽然教师在实施幼儿园健康教育活动前会制定几个确定的预设目标，但随着活动的开展，教师可以根据幼儿的反应和具体环境的变化对预设目标进行适当的调整。下面将介绍幼儿园健康教育活动目标的分类和制定的注意事项。

（一）幼儿园健康教育活动目标的分类

1. 按内容分类

从内容上分，幼儿园健康教育活动目标一般包括认知、能力和情感与态度三个方面。不同活动对幼儿发展的意义也是不同的，因而并不要求每个幼儿健康教育活动的目标都要涵盖这三个方面。

小示例

大班健康教育活动：快乐的自助餐

　　（1）体验配餐游戏的快乐，乐意尝试多种食物。（情感与态度目标）

　　（2）了解常见的几类食物的营养，知道平时进餐要合理搭配，这样会让身体更健康。（认知目标）

　　（3）能合理搭配午餐，做到色彩搭配、荤素搭配和干稀搭配。（能力目标）

▲ 图1-2-2　快乐的自助餐

2. 按表述方式分类

幼儿园健康教育活动目标需要通过一定的表述方式加以呈现。活动目标的表述方式包括行为目标、表现性目标和生成性目标。

（1）行为目标。行为目标是以具体的可操作的行为的形式陈述的教育教学目标，它指明教育教学过程结束后幼儿所发生的行为变化。在教育教学实践中，行为目标可使教师更加清楚地认识教学任务，更准确地判断目标是否达成，可以作为学习效果评价的依据。行为目标的常见表述句式有"知道……""理解……""学会……""用自己的话来……""区分……""把……配对""将……进行分类"等。在幼儿园健康教育领域，往往可以看到这样的行为目标："知道吃多种食物对身体有利""学会分辨常见的蔬菜和水果"等。

但是，人们对行为目标这种表述方式也有不同的看法。比如有人认为：预期的行为改变是难以在短期活动中实现的；幼儿的健康态度常常难以在短时间内以可观察的行为预先确定。

（2）表现性目标。表现性目标是指每一个幼儿在与具体教育情境的种种"际遇"中所产生的个性化表现。教师常常发现，幼儿在具体的教育情境中的行为表现和得到的进步会出乎预料，因此很难预先规定其发展变化的结果。表现性目标追求的不是幼儿反应的同质性，而是反应的多元性。表现性目标的表述方式如下所示：

小示例

> **大班心理健康教育活动：微笑**
>
> 目标之一：欣赏诗歌《微笑》，讨论愿意为别人做什么。
>
> **中班饮食与营养教育活动：我们吃什么菜**
>
> 目标之一：参观农贸市场，说说自己喜欢吃的菜。

表现性目标对幼儿活动及结果的评价是一种鉴赏式的评价，它不同于行为目标，无法追求结果与预期目标的一一对应关系。

（3）生成性目标。生成性目标是指在教育情境中随着教育过程的展开而自然生成的教育教学目标，它是教育情境的产物和问题解决的结果。生成性目标的本质是过程性，幼儿可以对自己感兴趣的问题进行深入探究，因而产生对结果的新的设计，"尝试……"是生成性目标较为典型的表述方式之一。

但是，生成性目标在实践中是较难确定的，因为有时无论教师还是幼儿都不知道学习什么是最好的或是最合适的。另外值得注意的是，"生成性目标"这一概念不同于"生成的目标"或"目标的生成"。

中班健康教育活动：多变的绳

目标之一：尝试绳的各种玩法，体验活动的乐趣。

小班健康教育活动：运西瓜

目标之一：大胆尝试与同伴合作完成游戏，增强自信心。

在幼儿园健康教育活动的目标设计中，我们应该用哪种目标表述形式更合适呢？

（二）幼儿园健康教育活动目标制定的注意事项

用语言正确地表述目标内容是制定目标的重要环节。在具体活动目标的制定过程中，应遵循以下要求：

1. 把发展内容表述得明确得体，便于操作

高层次的教育目标可能写得比较笼统、含糊，比如总目标中规定的"动作协调、灵活"等。低层次的目标内容应表述得更具体。

小示例

中班健康教育活动：今天，你喝牛奶了吗

原目标：知道喝牛奶有利于身体健康。

修改后的目标：知道喝牛奶可以长得高、让牙齿长得齐。

分析　原目标过于笼统，没有针对性，没能以通俗的语言揭示牛奶（或其他乳制品）的特殊营养价值（有利于骨骼和牙齿的生长）。

但是，具体不等于啰唆重复，如下例所示。

小示例

大班健康教育活动：我做牙科小医生

原目标：知道饭后不刷牙、睡前不刷牙、含糖睡觉等行为会导致蛀牙，使牙齿疼。

简化后的目标：初步了解龋齿形成的原因。

2. 从幼儿的角度来表述目标

以教师的角度来表述幼儿的发展目标是不准确的，因为这是幼儿自身要达到的发展目标，而不是教师要传授的内容。从教师角度表述的目标常以"引导……""让幼儿……""使幼儿……""教会……"等方式；从幼儿角度表述的目标常以"学习（学会）……""体验……""感受……"等方式。

小示例

大班健康教育活动：我做牙科小医生

原目标：让幼儿了解龋齿形成的原因。（从教师角度出发表述的目标）

修改后的目标：初步了解龋齿形成的原因。（从幼儿角度出发表述的目标）

在具体活动目标的制定中，还应注意统一各条目标的表述角度。

> ### 中班健康教育活动：今天，你喝牛奶了吗
>
> （1）认识各种乳类食品：牛奶、酸奶、豆奶等。
> （2）让幼儿懂得喝牛奶有利于身体健康。
> （3）培养幼儿喝牛奶的良好习惯。
>
> **分析** 在这3条目标中，第1条是从幼儿角度出发的目标，而第2、3条目标却是从教师角度出发的目标，表述角度没能统一。

3. 目标要突出重点

目标的确定不能太过于笼统，应有针对性并能体现本次活动的重点。

> ### 大班健康教育活动：手绢真干净
>
> 原目标：知道自己长大了，能做力所能及的事情，会管理自己的物品。
> 修改后的目标：能自己洗手绢，愿意做力所能及的事。
>
> **分析** 原目标制定的范围太广，还适用于其他的健康教育活动，如此一来，教师在组织教学的过程中就很难操作。

4. 目标要求不宜过高或过低

具体活动目标的制定不仅要考虑各年龄段幼儿的身心发展特点，而且要考虑本班幼儿的具体情况，目标过高或过低都不利于促进幼儿的学习与发展。

> ### 大班健康教育活动：食物的旅行
>
> 目标之一：知道食物经过的人体器官名称和顺序。
>
> **分析** 这一目标难度过大，实现的可能性较小，且没有实现的必要性。
>
> ### 大班健康教育活动：我做牙科小医生
>
> 目标之一：通过演示，学习正确的刷牙方法。
>
> **分析** 这一目标要求偏低，可能会导致教育活动没有难度，使得幼儿注意力不集中，学习兴趣、参与程度都不高。

活力加油站

幼儿园健康教育活动目标案例分析

案例1

中班健康教育活动：今天，你喝牛奶了吗

活动目标：

（1）认识多种乳类食品：牛奶、酸奶、豆奶等。

（2）了解喝牛奶有利于牙齿和骨骼的生长。

（3）愿意每天喝牛奶或豆奶。

本活动的第1、2条目标从健康认知的层面，对幼儿提出了较为恰当的要求，第3条目标则对幼儿的健康态度提出了要求。由于科学合理的营养对幼儿生长发育的作用是毋庸置疑的，良好的饮食习惯也必须从小养成，所以第3条目标的要求虽然较高（要求每天喝牛奶），但却是合理的。幼儿一旦愿意喝（牛奶）、喜欢喝，每天喝也就不难了。

（a）

（b）

▲ 图1-2-3　今天，你喝牛奶了吗

同样是这个活动，有的教师所制定的目标却存在较多的问题，例如以下制定的活动目标。

中班健康教育活动：今天，你喝牛奶了吗

活动目标：

（1）认识各种乳类食品：牛奶、羊奶、酸奶、豆奶等。

（2）让幼儿懂得喝牛奶有利于身体健康。

（3）培养幼儿喝牛奶的良好习惯。

以上表述虽然意思与前面的相近，但存在三个主要问题：其一，第1条目标提出认识"各种"乳类食品，在实践中有可能较难实现，因为受到各地经济水平、风俗习惯的制约，一般难以收集到各种乳类食品，用观看图片等方式进行学习又不够直观，所以应根据具体情况提出合适的目标；其二，第3条目标的表述角度没能与前两条统一；其三，第2条目标"喝牛奶有利于身体健康"的表述过于笼统。（后面两个问题在前文已有具体分析，这里不再赘述）

案例2
大班健康教育活动：牙齿为什么会有龋洞

活动目标：

（1）了解龋齿发生的原因和危害。

（2）巩固刷牙的正确方法，愿意每天早晚自己刷牙。

因幼儿的龋齿发生率高，所以让大班幼儿了解龋齿发生的原因和危害是必要的，也是适宜的。大班幼儿虽然已掌握了刷牙的正确方法，但仍需要成人的随时提醒；而幼儿是否愿意每天早晚刷牙则是教育的难点。上述两条目标设置合理，有针对性。

（a）

（b）

▲ 图1-2-4　牙齿为什么会有龋洞

同样是这个活动，以下的活动目标就存在问题。

大班健康教育活动：牙齿为什么会有龋洞

活动目标：

（1）了解同伴中有哪些人有龋齿，为什么会有？

（2）学习刷牙的正确方法，坚持每天刷牙。

（3）知道龋齿会很疼，尽量不患龋齿。

以上表述存在三个主要问题：其一，第1条目标所表达的意思不应作为活动目标提出，哪些人患有龋齿只是一种现象，每个人患龋齿的原因一时也无法理清，只能做大致分析；其二，小班就已学习刷牙，故对于大班幼儿而言是巩固而非新学；其三，龋齿初期患者并不一定有疼痛感，我们应预防龋齿，而无法保证不患龋齿。因此，应对第1、2条目标做修改，删除第3条。

 **任务超市**

以下为自选任务，请同学们根据自己的学习情况进行选择性操作练习。

1. 回忆并复述幼儿园健康教育活动目标制定的注意点。

2. 如果将活动"牙齿为什么会有龋洞"的实施年龄段设置为中班，该怎么修改活动目标？

3. 以"闪亮的眼睛"为主题制定幼儿园健康教育活动目标，年龄段自选。

任务三 探寻幼儿园健康教育内容

案例导入

　　幼儿园实习教师张芳接到了一个关于健康领域公开课的任务。为了展示自己的教学能力，同时也为了得到园方的认可，张芳很认真地投入公开课的准备工作中。可是，她马上就开始犯愁了：公开课准备什么教学内容好呢？她上网搜索，发现一大堆标注着"优秀""优质"字眼的幼儿园健康教育活动方案，该选择哪个好呢？于是，张芳向同事请教。有的同事说"找某某骨干教师要一份以前的优秀课案例，稍加改动就可以"，有的同事说"应该去翻翻精品教参"，还有的同事说"直接把自己最熟练的一次课拿出来再实施一遍就行"。听完同事的解答，张芳更迷糊了。

　　分析：张芳寻求公开课最优化效果的愿景以及积极主动的态度是值得肯定的。但是，张芳忽略了一个本质问题——别人的经验或者自己的过往经验不一定适合目前所在班级的幼儿。教育教学内容的设计应该基于幼儿的视角，根据教育目标、已有条件进行筛选。

任务描述

1. 记忆幼儿园健康教育内容的类型与范围。
2. 理解幼儿园健康教育内容的编排原则。
3. 能筛选并合理设计幼儿园健康教育活动的内容。
4. 重视自然教育对幼儿健康成长的重要价值。

知识储备

一、幼儿园健康教育内容的类型与范围

　　幼儿园健康教育的内容涉及范围较广，可以从三个方面来概括，具体如表1-3-1所示。

表 1-3-1 幼儿园健康教育内容的类型与范围

类　　型	范　　围
幼儿心理健康教育	幼儿情绪教育
	幼儿社会交往教育
	幼儿行为习惯教育
幼儿身体保健教育	幼儿生活习惯与生活能力教育
	幼儿安全教育
	幼儿饮食与营养教育
	幼儿身体认识与保护教育
幼儿体育活动	幼儿基本动作学习
	幼儿体育游戏
	幼儿早操活动
	幼儿户外体育活动

二、 幼儿园健康教育内容的编排原则

（一）递进原则

　　个别的学习经验应该是先前经验的自然发展，后续的学习能使先前的经验得到加深和扩展。幼儿园健康教育内容的编排要注意由易到难，使内容呈递进式。以"跳"为例，小班幼儿需要学习向上跳、向前跳、从较低的高度跳下；中班幼儿需要学习向不同方向跳并有了高度、远度的要求；大班幼儿在跳的高度、远度方面有了进一步的要求，并增加了障碍跳的学习。

（a）　　　　　　　　　　　　　　　　（b）

▲ 图 1-3-1　不同的"跳"

在同一个年龄班，内容的编排也要注意由易到难的梯度要求。例如，在小班幼儿的如厕学习单元活动中，应先让幼儿认识到及时和主动大小便的重要性，然后学习如何自主小便，再逐渐学习自己擦屁股。

（二）均衡原则

在幼儿园健康教育中，教师应兼顾幼儿的多方面发展，全面均衡地编排教育内容。例如，情绪教育关系到幼儿的身心健全，生活习惯教育关系到幼儿日常健康行为的养成，饮食与营养教育关系到幼儿能量的满足等，每个方面的内容都有不可取代的作用。只选择某几个方面的内容或以体育活动完全取代幼儿健康教育全部内容的做法都是不科学的。

（三）时令原则

在编排幼儿园健康教育内容的时候还要考虑到季节的变化和气候的特点。一是教育内容要和季节及气候相适宜。例如：春季和冬季为流感高发季节，应加强个人卫生及疾病预防的健康教育；夏天多雷雨、气温高，应加强防雷教育和防暑、防溺水教育。二是体育活动的安排应与季节和气候相适宜。例如：冬季选择的体育活动内容，活动量可以大些；夏季选择的体育活动内容，活动量可以小些。

小思考 ❓

同为冬季，南方地区和北方地区的幼儿园健康教育活动在内容编排上有差异吗？

我这样想

（四）整合原则

幼儿园健康教育活动的内容应在一个较为宽泛的范畴中选择，整合身体保健与心理健康的内容，整合身心保健与身体锻炼的内容，整合幼儿健康教育与其他领域教育的内容，切不可人为地割裂有益于幼儿发展的整体经验。

小示例

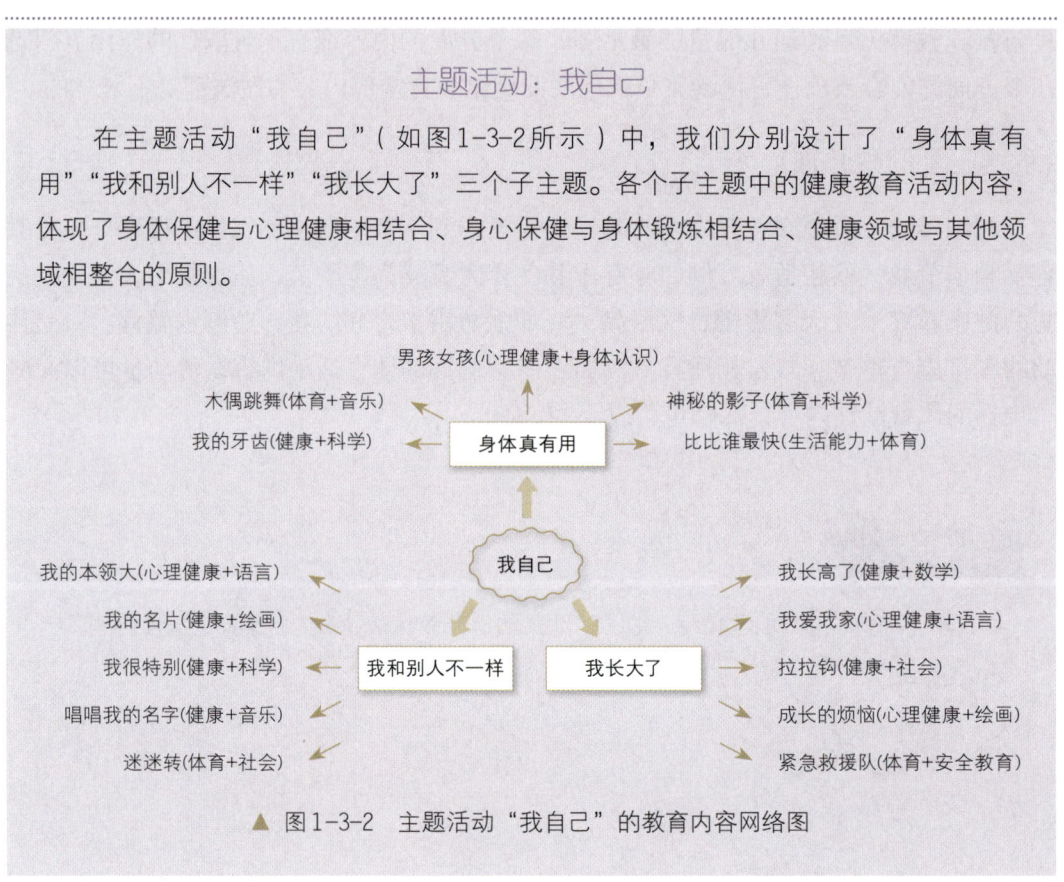

主题活动：我自己

在主题活动"我自己"（如图1-3-2所示）中，我们分别设计了"身体真有用""我和别人不一样""我长大了"三个子主题。各个子主题中的健康教育活动内容，体现了身体保健与心理健康相结合、身心保健与身体锻炼相结合、健康领域与其他领域相整合的原则。

男孩女孩(心理健康+身体认识)

木偶跳舞(体育+音乐)　　　　　　　　　神秘的影子(体育+科学)

我的牙齿(健康+科学) ← 身体真有用 → 比比谁最快(生活能力+体育)

我自己

我的本领大(心理健康+语言)　　　　　　我长高了(健康+数学)

我的名片(健康+绘画)　　　　　　　　　我爱我家(心理健康+语言)

我很特别(健康+科学) ← 我和别人不一样　我长大了 → 拉拉钩(健康+社会)

唱唱我的名字(健康+音乐)　　　　　　　成长的烦恼(心理健康+绘画)

迷迷转(体育+社会)　　　　　　　　　　紧急救援队(体育+安全教育)

▲ 图1-3-2　主题活动"我自己"的教育内容网络图

三、幼儿园健康教育活动内容的来源

幼儿园健康教育活动的内容可以来源于教育目标，幼儿的兴趣、经验与需要，环境与材料，已有活动方案等。

（一）来源于教育目标

教育活动内容来源于教育目标，是我们常见的一种设计过程。幼儿园的健康教育有近期目标（如周目标和月目标）、中期目标（如学期目标）、远期目标（如学年目标）。目标可以针对整个年龄段的幼儿，也可以针对某班、某组或某个幼儿来设计。大多数情况下，从教育目标出发的幼儿园健康教育活动内容主要是根据某班幼儿的身心发展目标来设计的。同时，在基于教育目标的前提下，在选择活动内容时还要基于幼儿的视角，选择贴近幼儿兴趣和生活的内容，并随时回应幼儿在活动过程中生成的有意义的活动内容。

小示例

饮食与营养教育活动

　　某小班单元主题活动中有这样的目标要求：认识苹果、橘子等常见水果，知道每天吃适量的水果有益健康（教育目标）。鉴于幼儿在日常生活中已对苹果、橘子有了一定的感性经验（兴趣、经验与需要），教师便结合午点环节，提供苹果、橘子等水果（环境与材料），开展以苹果、橘子为载体的饮食与营养教育活动（活动内容），引导幼儿在观察中边吃边学（活动方案）。

（二）来源于幼儿的兴趣、经验与需要

　　符合幼儿的兴趣、经验与需要的内容更能唤起幼儿的学习主动性。教师可以在观察幼儿的过程中敏锐捕捉幼儿感兴趣或者有需要的内容，结合教育目标，选择合适的活动内容。

小示例

奇妙的我

　　在最近的如厕环节，中一班的蒋老师发现很多孩子边小便边讨论自己的性器官，还有孩子很好奇地谈论男孩和女孩的不同（兴趣、经验与需要），看来孩子们开始有了初步的性意识。《指南》中提出"告诉幼儿不允许别人触摸自己的隐私部位"，这是重要的性教育内容，也是符合幼儿年龄特点和实际需要的内容。教师据此制定了活动目标：初步了解男孩和女孩在身体器官等方面的不同，形成正确的性别意识；懂得保护自己的身体，学会尊重他人（教育目标）。在活动区域内增加了人体挂图、模型，并请来了在儿童保健院工作的家长进班指导（环境与材料），开展了一次性教育活动"奇妙的我"（活动内容），从身体部位（特别是生殖器官）及如厕习惯入手，引导幼儿认识男女的区别，讨论并学习保护自己身体的方法（活动方案）。

（三）来源于环境与材料

生活中的偶发事件、现有材料、节日等也可以成为幼儿园健康教育活动内容的来源，尤其是传统文化节日，蕴含着丰富而又鲜活的知识信息，是特别值得深入挖掘的教育资源。例如"清明节"可以开展生命教育，"中秋节"可以开展关爱家人的情感教育，"春节"可以开展文明礼貌教育和合理饮食教育等。

小示例

植物保卫战

某购物节期间，很多家庭收集了各式各样、大小不一的快递盒子。教师请幼儿协助回收废旧快递盒（现有材料），结合幼儿基本动作发展目标（教育目标）以及他们熟悉、喜爱的游戏"植物大战僵尸"（兴趣、经验与需要），开展了"植物保卫战"的体育活动（活动内容）。教师鼓励幼儿发挥创造力，用盒子制造不同的前进障碍，如跳盒子、钻盒子、投物进盒等，合作阻挡"僵尸"的进攻（活动方案）。

（四）来源于已有活动方案

随着互联网技术的发展，幼儿教师已能从网络获得各类优秀的教育活动方案，此外，不少教师在自己的教育实践中也形成了经典案例，这就为以"活动方案"为出发点的活动内容设计奠定了基础。但不管是选用别人的优秀方案，还是采用自己的成功案例进行教学，都要根据本班目前的资源、幼儿学情和教师能力做再次的内容筛选和加工，以适应教育教学过程"活"的特点以及对象的"差异性"特征，切忌全盘照搬。

从"活动方案"出发编排幼儿园健康教育活动内容时，应思考以下问题：这个活动的内容符合本班幼儿目前的兴趣、经验与需要吗？这个内容的指向目标与本班的近期教育目标关系密切吗？这个活动内容所需的环境与材料容易获得吗？这个活动的内容与目前正在进行的教育教学活动有关联吗？

活力加油站

在幼儿园健康教育中融入自然教育的思考

自然教育是一种教育理念，也是一种教育实施策略。自然教育通过引导幼儿在与大自然进行接触、观察和探索的活动中，感受自然界的美好与奇妙，激发其对自然界和周围事物的好奇心和探究欲，培养其亲近大自然、关心环境的积极情感。陈鹤琴先生曾指出，"大自然、大社会，都是活教材"，并主张幼儿教育应当把大自然、大社会作为出发点，让幼儿在与自然、社会的直接接触中，在亲身观察中获取经验和知识。

自然教育可以促进幼儿的全面健康发展。例如：幼儿在与大自然的深度接触中，积极探索世界，从而提高感知力，增强注意力，激发求知欲，促进认知能力的健康发展；幼儿在进行自然探索时，通过走、跑、跳、攀、爬、钻等基本动作的练习，获得肌肉锻炼和身体形态的健康发育；通过种植、采收等相关活动，获得营养知识，使幼儿对合理饮食产生认同感，从而促进自身饮食的营养均衡；大自然清新的空气和美好的景物可以转移和释放人的负面情绪，使心灵得到舒展，因而经常在自然中活动的幼儿往往具有更好的情绪调节能力；在团体或亲子田园课程中，幼儿可以发展与同伴、父母之间密切的情感联系和合作关系，从而促进其社会交往能力的发展。当今幼儿尤其是在城市生活的幼儿常以室内活动为主，缺乏与大自然接触的机会，造成身体素质下降、心理问题增多、社会交往能力缺乏等现象，严重影响其健康发展，因此，教师有必要在健康教育中融入自然教育的内容。除了在幼儿园一日活动中融入自然教育元素外，我们还可以通过以下途径开展促进幼儿身心健康发展的自然教育。

1. 利用本土资源，开展特色自然教育

各地在其所处地理位置及历史文化发展中，形成了具有本土特色的教育资源，教育者应当对其进行开发和利用，开展特色自然教育，促进幼儿身心的健康发展。例如在沿海地区，教育者可以引导幼儿在实地体验中认识各种各样的海洋生物及其营养价值，了解保护海洋生态环境及其生物资源的方法，开展海边游戏，组织守护海洋的社会宣传活动等。在多植被的山林地区，适宜开展森林自然教育，学习野外生存技巧，开展团队拓展活动。即便在城市里，也可以带着幼儿多去附近的公园游玩，引导幼儿观察公园里的动植物，认识本地区的标志性植物，开展户外体育游戏。

2. 调整园内布局，开辟自然课程园地

大多数的幼儿园远离森林、海洋、田地等自然环境，为方便开展自然教育，幼儿园可以对本园环境布局进行适当调整，开辟专门的自然园地，方便幼儿在一日活动中随时学习。例如，有的幼儿园在操场上开辟了生态角，让每个幼儿认领一小块作物地，让幼儿在种植和照顾农作物的过程中培养生活劳作能力和责任意识，发展小肌肉动作技能，通过辛苦又快乐的劳动体验，培养其珍惜食物，不挑食、不偏食的良好饮食习惯。

3. 发挥家园合作优势，共建和谐自然

家庭也是重要的教育资源。教师可引导家长在周末、假期时间，多带幼儿进入大自然，走进田野，在阳光中玩耍，享受亲子温情，在体验、实践中收获有关自然的知识，体会分享的乐趣。更为重要的是，父母在自然教育的过程中，扮演着重要的示范者角色，使幼儿在耳濡目染中形成积极主动的环保和健康意识。

▲ 图1-3-3　种花生

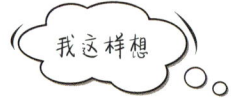

亲子农耕活动是目前较为火热的一种生态式自然教育的途径。在亲子农耕活动的组织与实施中，容易出现什么问题？对幼儿的健康会产生什么影响？

我这样想

任务超市

以下为自选任务，请同学们根据自己的学习情况进行选择性操作练习。

1．列举一种现代幼儿的"健康威胁"，围绕该主题设计一次健康教育的活动内容，并说明其由来，年龄段不限。

2．以"好吃的水果"为主题，分别以教育目标，幼儿的兴趣、经验与需要，环境与材料，已有活动方案为设计起点，设计一次小班健康教育的活动内容。

3．根据幼儿园健康教育内容的编排原则，设计中班主题活动"快快乐乐迎新年"的系列活动内容，并按时间顺序列表。

微课讲解
幼儿园健康教育活动方案的基本结构

过关测验

一、选择题

1. 1947年，世界卫生组织提出：健康是生理、心理和（　　）的健全状态。
   A. 生活　　　　　　B. 社会适应　　　　C. 社会交往　　　　D. 自我认知
2. 以具体的可操作的行为来进行陈述的教育目标是（　　）目标。
   A. 活动　　　　　　B. 生成　　　　　　C. 表现性　　　　　D. 行为
3. 以下不属于幼儿园健康教育内容编排原则的是（　　）。
   A. 递进性　　　　　B. 时令性　　　　　C. 均衡性　　　　　D. 经验性

二、实操题

中班健康教育活动"有趣的梯子"的活动目标是：

（1）体验手脚在竹梯上协调攀爬，发展幼儿的攀爬能力和平衡协调能力。

（2）体验在竹梯上勇敢攀爬的乐趣。

请你根据所学知识对上述活动目标进行修改。

积分奖励

1. 在"过关测验"中，每答对一道选择题可在自己的知识分值上加1分（共3分）。

2. 在"过关测验"中，完成实操题的同学请根据自评、互评、师评的平均分，在自己的能力分值上加分（满分为10分）。

3. 完成第一关所有"任务超市"的同学，请在自己的素养分值上加5分，完成其中2项的加3分，完成其中1项的加2分，一项都没有完成的不能加分。

请你算一算，你现在的累计积分是多少？
　　　　知识（　　　）　　　　能力（　　　）　　　　素养（　　　）

反思与预测

　　请你回顾第一关的学习过程，写下你的反思和感悟，并说说自己对下一关学习的自我期待。

 **第二关 组织幼儿心理健康教育活动**

闯关目标

知识目标	1. 了解幼儿心理健康教育的概念和内容。 2. 掌握幼儿情绪教育的概念、目标、内容及设计要求。 3. 掌握幼儿社会交往教育的概念、目标、内容及设计要求。
能力目标	1. 能够合理设计与组织幼儿情绪教育活动。 2. 能够合理设计与组织幼儿社会交往教育活动。
素养目标	1. 在活动的设计与组织中尊重幼儿的主体地位。 2. 关注教师在活动中的角色定位，反思并改进自己的师幼互动行为。

知识导图

本关导语		组织幼儿情绪 教育活动		组织幼儿社会交往 教育活动
● 幼儿心理健康 　教育的概念 ● 幼儿心理健康 　教育的内容		● 情绪与幼儿情 　绪教育的概念 ● 幼儿情绪教育 　的目标制定 ● 幼儿情绪教育 　的内容选择 ● 幼儿情绪教育 　活动的设计与 　组织		● 交往能力与幼 　儿社会交往教 　育的概念 ● 幼儿社会交往教 　育的目标制定 ● 幼儿社会交往 　教育的内容与 　要求 ● 幼儿社会交往 　教育活动的设 　计与组织

　　幼儿心理健康是指幼儿的心理发展达到相应年龄组幼儿的正常水平,情绪积极、性格开朗、无心理障碍,对环境有较快的适应能力。幼儿心理健康教育是根据幼儿生理、心理发展的特点,运用有关的心理教育方法和手段,使幼儿懂得心理健康的基本知识和技能,纠正其不良情绪和态度,形成有利于心理健康的行为习惯,预防和矫治心理障碍和行为异常,从而促进幼儿心理的健康发展,提升其幸福感的教育活动。幼儿心理健康教育是幼儿启蒙教育的重要一环,是影响一个人一生的教育。

　　幼儿心理健康教育的内容包括培养幼儿积极的情绪、一定的社会交往技能、良好的行为习惯等方面。其中,良好的行为习惯的相关内容将在第三关详细介绍,本关将着重围绕组织幼儿情绪教育活动、组织幼儿社会交往教育活动两个任务展开学习。

累计积分

知识(　　　)　　　　　能力(　　　)　　　　　素养(　　　)

📝 学习笔记

任务一 组织幼儿情绪教育活动

案例导入

在幼儿园里，琪琪小朋友本来玩得好好的，但是突然就大哭起来。新来的张老师赶紧上前询问原因，但是琪琪继续哭闹，并不回答。张老师见琪琪不回答就更加着急了，不断地安慰她，围着她团团转。但是，琪琪不但没有停止，反而哭得更大声了。张老师见状，无奈地找来了经验丰富的李老师。李老师拿来了一个布娃娃，对琪琪说："看！小布娃娃一个人好孤独，来找琪琪玩了！"琪琪看到可爱的娃娃顿时不哭了，赶紧抱过娃娃，和它玩去了。

▲ 图2-1-1 教师安慰哭闹的幼儿

分析：幼儿的大声哭闹，有时连自己都弄不清楚原因，而且不知如何停止。这时候成人的安慰与说理无济于事，甚至会使这种情绪因受到关注而愈发猛烈和持久。这时，教师要适当转移幼儿的注意力，用幼儿感兴趣的活动或玩具帮助他从当前的情绪状态中摆脱出来。教师要逐步教会幼儿，当自己沉浸在某种不良情绪中时，如何进行适当的表达和调节。

任务描述

1. 能回忆幼儿情绪教育的概念。
2. 能简单概述幼儿情绪教育目标制定与内容选择的要求。
3. 能根据所学知识较为合理地设计与组织幼儿情绪教育活动。
4. 在活动的设计与组织中尊重幼儿的主体地位，学习为幼儿创设良好的心理环境。

知识储备

一、情绪与幼儿情绪教育的概念

情绪是指与人的需要相联系的，具有特定主观体验、外显表情和生理变化的心理活动的整个过程。幼儿情绪能力是指幼儿辨识、理解自己与他人的情绪，并在此基础上调节、控制和适当表达自身情绪的能力，主要由情绪理解、情绪表达和情绪调节三个维度构成。

幼儿年龄小，对情绪的控制能力不强，表现为易冲动、易外露、易感染。但随着年龄的增长和生活经验的积累，幼儿情绪的稳定性也随之提高。5—6岁的幼儿开始能掩饰自己的情绪，掌握了一些简单的情绪表达规则，知道表现出适当的情绪可以得到成人相应的反应。幼儿良好的情绪能力的形成对其一生的发展有着重要的作用。

小资料

幼儿情感教育现状的调查 [①]

一项针对3—6岁共计340名幼儿的调查研究表明：3—6岁幼儿在情绪的表达、控制能力方面出现的问题较多。其中"提出买玩具或食品的要求被父母拒绝后哭或拒绝回家""生病打针或跌倒摔痛时大声哭泣""在玩得高兴时，因父母让吃饭或做别的事情而哭闹、不高兴""不高兴时摔玩具或毁坏家中物品""做了错事被父母批评后长时间闷闷不乐"等问题比较普遍。当要求得不到满足时，46％的幼儿情绪反应不良。当遭遇困难、挫折时，51％的幼儿会哭泣。当产生消极情绪时，36％的幼儿控制力较弱，会摔东西或毁坏物品。另外，有54％的幼儿会较长时间陷入不良情绪中，不善于调节自己。

幼儿情绪教育是教育者在一定的社会文化背景下，根据幼儿身心发展的特点和情绪发展的规律，采用各种方法和措施，初步培养幼儿对自我情绪、他人情绪和环境情绪的理解、表达和调节能力的教育活动。幼儿园是开展幼儿情绪教育，促进其情绪能力发展的主要基地。

二、 幼儿情绪教育的目标制定

幼儿情绪教育的目标主要表现在情绪理解、情绪表达和情绪调节三个维度。《指南》对幼儿情绪的安定愉快提出了具体要求（详见第一关任务二中的表1-2-3）。幼儿情绪教育活动的目标制定应遵循以下要求。

（一）生活化

幼儿阶段的情绪教育侧重于为了适应周围环境的基本情绪情感的形成，最终目的是为幼儿适应未来社会生活奠定基础，因而教育目标的制定不能仅着眼于"对教育活动中知识

---

① 林倩.幼儿情感教育现状的调查［J］.江西教育科研，2006（08）：45.

与能力的掌握"，而更需要指向"在生活情境中的应用"。例如"学习关注周围人的情绪变化""能用比较恰当的语言安慰别人""愿意向朋友倾诉自己的情绪"等。

（二）整体性

虽然幼儿情绪能力包括了对情绪的理解、表达、调节这三个维度，但它们彼此间不是独立发展的，而往往是互相渗透，以一个整体的形式逐步发展的。因而在制定情绪教育目标时，不能将三者完全割裂。

大班心理健康教育活动：情绪的色彩

（1）在集体谈话中进一步认识人的多种情绪及表现。（情绪理解）

（2）尝试在心情色盘拼贴游戏中，大胆地向教师和伙伴们说说自己当下的情绪构成和产生原因。（情绪表达）

（3）在色彩分享环节中，尝试使用不同的方法帮助别人减少消极情绪。（情绪调节）

分析 该情绪教育的活动目标分别从情绪的理解、表达、调节三个维度进行了表述，体现了目标制定的整体性。

（三）扩展式

幼儿情绪能力的发展不仅表现在纵向上的阶段式渐进，还表现在横向上的立体式扩展。随着幼儿年龄的增长和生活经验的积累，幼儿情绪教育目标的制定要考虑逐步引导幼儿从对"自我情绪"的理解、表达与调节扩展到对"他人情绪""环境情绪"的理解、表达与调节。

三、 幼儿情绪教育的内容选择

（一）发现生活

情绪本身是复杂而主观的，教师要注意观察和倾听幼儿生活中的焦点事件，从鲜活的生活事件中发掘有教育价值的内容。例如，想买玩具时被父母拒绝、害怕打针吃药、与父母的分离焦虑、近期的一次快乐旅行等。因为以幼儿身边熟悉的事

▲ 图2-1-2 幼儿不愿与母亲分离

件为起点，更能激发幼儿的学习兴趣。

（二）特殊事件

特殊事件也可以成为幼儿情绪教育的内容。比如，在某些传染病流行的时期，幼儿外出聚集的机会变少了，甚至无法正常入园，这使得许多幼儿不能和好朋友在一起畅快地玩了，易出现烦躁、不安等消极情绪。此时，教师可以利用绘本、音乐、居家游戏等形式疏导幼儿的不良情绪，利用互联网技术加强幼儿与社会、幼儿与学校、幼儿与同辈的情感联系，提升幼儿的抗挫能力，使幼儿以平稳的情绪状态度过这一特殊时期。

（三）挖掘经典

创新能力和发散思维既是教师的教育教学能力要求，也是幼儿思维与心理素质发展的高级目标。教育内容不一定求"新"、求"热"，教育者也可以立足耳熟能详的经典，创新性地挖掘有价值的教育内容。例如经典童话《灰姑娘》，教师既可以从对灰姑娘顺利步入舞会的条件分析中引导幼儿思考朋友在情绪转化中的重要作用，也可以从对继母自私的爱的讨论中引导幼儿理解他人的情绪情感。

小资料

《灰姑娘》的新故事 [①]

这节课老师要讲的是《灰姑娘》的故事。老师先请一个孩子上台给同伴讲一讲这个故事。孩子很快就讲完了，老师对他表示了感谢，然后开始向全班提问。

1. 最喜欢谁和最不喜欢谁

老师：你们喜欢故事里面的哪一个？不喜欢哪一个？为什么？

孩子：喜欢辛黛瑞拉（灰姑娘），还有王子，不喜欢她的后妈和后妈带来的姐姐。辛黛瑞拉善良、可爱、漂亮。后妈和姐姐对辛黛瑞拉不好。

2. 一定要做一个守时的人

老师：如果在午夜12点的时候，辛黛瑞拉没有来得及跳上她的南瓜马车，你们想一想，可能会出现什么情况？

孩子：辛黛瑞拉会变成原来脏脏的样子，穿着破旧的衣服。哎呀，那就惨啦。

老师：所以，你们一定要做一个守时的人，不然就可能给自己带来麻烦。另外，你们看，你们每个人平时都打扮得漂漂亮亮的，千万不要突然邋邋遢遢地出现在别人面

---

① 佚名.美国教师讲《灰姑娘》的案例［J］.中国德育，2008（11）：40—41.

前，不然你们的朋友要吓着了。女孩子们，你们更要注意，将来你们长大和男孩子约会，要是被你的男朋友看到你很难看的样子，他可能就会被吓昏了。（全班大笑）

3. 继母和姐姐自私但不是坏人

老师：好，下一个问题是，如果你是辛黛瑞拉的后妈，你会不会阻止辛黛瑞拉去参加王子的舞会？你们一定要诚实哟！

孩子：（过了一会儿，有孩子举手回答）是的，如果我是辛黛瑞拉的后妈，我也会阻止她去参加王子的舞会。

老师：为什么？

孩子：因为，因为我爱自己的女儿，我希望自己的女儿当上王后。

老师：是的，所以我们看到的后妈好像都是不好的人，其实并不是这样。她们只是对别人不够好，可是她们对自己的孩子却很好，你们明白了吗？她们不是坏人，只是她们还不能够像爱自己的孩子一样去爱其他的孩子。

4. 我们需要很多的朋友

老师：孩子们，辛黛瑞拉的后妈不让她去参加王子的舞会，甚至把门锁了起来，但她为什么能够去，而且成为舞会上最美丽的姑娘呢？

孩子：因为有仙女帮助她，给她漂亮的衣服，还把南瓜变成马车，把狗和老鼠变成仆人。

老师：对，你们说得很好！想一想，如果辛黛瑞拉没有得到仙女的帮助，她是不可能去参加舞会的，是不是？

孩子：是的！

老师：如果狗、老鼠都不愿意帮助她，她能在最后的时刻成功地跑回家吗？

孩子：不会，那样她就可以成功地吓到王子了。（全班再次大笑）

老师：虽然辛黛瑞拉有仙女帮助她，但是，光有仙女的帮助还不够。所以，孩子们，无论走到哪里，我们都是需要朋友的。我们的朋友不一定是仙女，但是，我们需要他们，我也希望你们有很多很多的朋友。

5. 要爱自己，给自己机会

老师：下面，请你们想一想，如果辛黛瑞拉因为后妈不愿意她参加舞会就放弃了机会，她可能成为王子的新娘吗？

孩子：不会！那样的话，她就不会到舞会上，不会遇到王子，王子也不会认识和爱上她了。

老师：对极了！如果辛黛瑞拉不想参加舞会，即便她的后妈没有阻止，甚至支持她去，也是没有用的，是谁决定她要去参加王子的舞会？

孩子：她自己。

老师：所以，孩子们，就算辛黛瑞拉没有妈妈爱她，她的后妈不爱她，这也不能够让她不爱自己。就是因为她爱自己，她才会去寻找自己希望得到的东西。如果你们当中有人觉得没有人爱自己，或者像辛黛瑞拉一样有一个不爱她的后妈，你们要怎么样？

孩子：要爱自己！

老师：对，没有一个人可以阻止你爱自己，如果你觉得别人不够爱你，你要加倍地爱自己；如果别人没有给你机会，你应该加倍地给自己机会；如果你们真的爱自己，就会为自己找到需要的东西。没有人可以阻止辛黛瑞拉参加王子的舞会，没有人可以阻止辛黛瑞拉当上王后，除了她自己，对不对？

孩子：是的！！！

6. 你们会比伟大的作家更棒

老师：最后一个问题，这个故事有什么不合理的地方？

孩子：（过了好一会儿）午夜12点以后所有的东西都要变回原样，可是，辛黛瑞拉的水晶鞋没有变回去。

老师：天哪，你们太棒了！你们看，就是伟大的作家也有出错的时候，所以，出错不是什么可怕的事情。我担保，如果你们当中谁将来要当作家，一定比这个作家更棒！你们相信吗？（孩子们欢呼雀跃）

四、幼儿情绪教育活动的设计与组织

幼儿情绪教育活动的实施形式包括专门的情绪教育活动、渗透到其他领域的情绪教育活动、问题发生时的随机情绪教育活动。实际上，在真实的教育情境中，往往需要三种活动形式形成合力，才能达到比较理想的教育效果。在本书中，我们重点讨论专门的情绪教育活动。

单个幼儿情绪教育活动的设计可能同时涉及情绪能力的三个维度，也可能侧重于某个维度，需要教师根据活动内容的难度和本班幼儿的学习特征进行合理编排。在进行幼儿情绪教育活动的具体设计与组织时，需注意以下几点：

（一）创设平等安全的心理氛围

这里的"平等安全"指的是摆脱传统教育中的"教师一言堂"，鼓励幼儿积极主动地参与到活动中来，大胆地表达自己对情绪的真实认识和理解。任何先入为主的引导都将破坏幼儿对情绪的主动认知和深入理解，因此在活动的开始阶段，不宜出现具有较强暗示性的引导语或引导物。例如，不同的人看到红色，会有不同的情绪识别，有人认为它代表生气，有人认为它代表高兴，还有人认为它代表紧张等。给幼儿创设一个自由表达的主人翁环境，可以帮助其发散思维，丰富情绪的认知信息。

▲ 图2-1-3　创设平等安全的心理氛围

（二）通过提问、讨论等唤起幼儿的情绪经验

通过教师提问、集体讨论等环节将情绪教育活动与幼儿过往的情绪体验结合起来，增加学习的间接经验，不仅可使活动生动有趣，而且便于教师了解幼儿目前面对问题时的情绪变化及调控策略，从而"对症下药"。例如：小朋友们生气的时候都会怎么做呢？请小朋友们猜猜图片中的小兔子为什么会表现出生气的样子？

（三）鼓励幼儿对情绪理解进行个性化表达

3—6岁幼儿的情绪逐渐趋向内隐的特点，使得大部分幼儿会逐渐减少外露自己的真情实感。然而在情绪教育活动中，教师要鼓励幼儿进行个性化表达，以有效地宣泄情绪。情绪表达的方式多种多样，可以是言语、动作、表情或作品等。例如让幼儿通过主题绘画描述自己今天高兴和不高兴的事情，宣泄不良情绪，分享积极的情绪体验。对于在绘画方面不够自信的幼儿，教师应鼓励其大胆表达，或允许其附加其他更有利于展现自己的表达方式。

▲ 图2-1-4　幼儿的个性化情绪表达

（四）通过游戏、情境表演等操作活动实现情绪调控策略的迁移

情绪教育不仅仅是知识技能的学习，更是一个引导幼儿将所学应用于生活的过程。游戏和情境表演都是幼儿喜欢并常见的学习方法，它们既是一种知识外显的强化练习，也能形象地增强幼儿对情绪调控策略的感知体验，让教育活动"动起来"。例如用"击鼓传花"的游戏，请幼儿说说生气时可以怎么做；请幼儿分角色扮演在活动中争抢玩具的孩子，尝试在表演中运用已知策略解决问题。但需要注意的是，游戏或表演只是学习的中介，切忌喧宾夺主、流于形式和热闹，教师要把握好活动的节奏。

微课讲解
借助绘本提升幼儿情绪调节能力的教学策略

▲ 图2-1-5　幼儿在玩关于"分享"的游戏　　　▲ 图2-1-6　情景表演"小熊不怕"

 活力加油站

大班心理健康教育活动：好消息，坏消息

基 本 信 息			
活动名称	好消息，坏消息	活动班级	大三班
执教老师	王老师	主要领域	健康、语言

活动设计背景
《指南》提出，5—6岁幼儿应"经常保持愉快的情绪，知道引起自己某种情绪的原因，并努力缓解"。大班孩子已经认识了人的基本情绪及其表现和表达的方式，清楚自己产生某种情绪的原因，但对于情绪的自我调节能力的掌握还有待提升。本次活动通过经典绘本《好消息，坏消息》的自主阅读和师幼共读，帮助幼儿感知事物具有两面性，引导幼儿要努力用积极的情绪看待问题；尝试在故事续编与情境表演中感知情绪转化的方法，提升情绪的自我调节能力。

活 动 目 标
（1）通过绘本的自主阅读和讨论，认识事物具有两面性，即分别从两个方面看待事物，会产生不同的情绪体验。 （2）通过故事续编和情境表演，尝试从积极的角度看待问题，提升情绪的自我调节能力。 （3）在活动中关注周围人的情绪变化。

活动重点、难点	
重点	认识事物具有两面性，即分别从两个方面看待事物，会产生不同的情绪体验。
难点	尝试从积极的角度看待问题。

活 动 准 备
（1）绘本、多媒体课件。 （2）幼儿已掌握基本的情绪表达方式。

（续表）

活　动　过　程			
活　动　环　节	教　师　活　动	幼　儿　活　动	设　计　意　图
一、自主阅读，初步识别角色情绪	1. 导入：今天，老师给大家带来了一本非常有趣的绘本，绘本只有六个字，请小朋友们认真看绘本，仔细体会绘本中两个主人公的情绪变化。 2. 教师观察幼儿的自主阅读情况，引导幼儿注意保持正确的阅读姿势。	幼儿在安静的氛围中自主阅读绘本《好消息，坏消息》。	幼儿在无干扰的自主阅读情境中获得对故事人物情绪的初步认识与理解，为下一步的主动表达做好准备。
二、师幼共读，体验不同情绪产生的原因	1. 教师结合故事重点内容提问，引导幼儿进行集体讨论：在野餐的途中，发生了什么好事情或者坏事情？在每次发生的好事情或者坏事情中，小老鼠和小兔子分别表现出了怎样的情绪？小兔子最后为什么哭了？面对小兔子的难过，小老鼠做了什么？ 2. 引导幼儿用语言和肢体动作模仿故事中角色的情绪表达方式。 3. 教师小结：事物具有两面性，也就是分别从两个方面看待事物，会产生不同的情绪体验，我们要努力地用积极的情绪看待问题。	1. 幼儿结合自己的情绪体验讨论故事内容。 2. 幼儿尝试用夸张的语言、动作模仿故事中角色的情绪表达方式。	1. 在集体讨论中深入理解角色产生情绪的原因及其情绪表现的状态。 2. 在夸张的个性化表达中引导幼儿对角色的表情、动作、语言进行深入观察，直观地感知从不同角度思考问题会带来不同的情绪体验。
三、情境表演，迁移情绪调节策略	1. 教师引导幼儿对故事进行续编和表演：小老鼠和小兔子又可以继续野餐了，大家猜猜后面还会发生什么好事情或坏事情？请你和小伙伴一起来演一演吧。 2. 教师在幼儿的表演过程中，重点引导幼儿关注面对坏事情时的情绪调节策略的应用。	1. 幼儿自由结伴，续编故事并进行表演。 2. 个别幼儿在集体面前进行情境表演。	采用角色扮演的方式让幼儿更加直观地体验到：情绪调节策略的使用所带来的情绪上的变化，帮助幼儿将所学迁移到生活中。
四、回顾总结	教师引导幼儿回顾活动：你对绘本印象最深刻的内容是什么？在和同伴的续编表演中，你们运用了什么方法消除"坏事情"带来的坏情绪？这些方法还可以帮助你解决生活中的哪些事？	1. 幼儿回忆自己的生活经历。 2. 幼儿自由发言总结。	在回忆和总结中加深对所学内容的印象。
活动延伸	将所学的情绪调节策略应用到日常生活中，努力用积极的情绪看待问题，尝试帮助自己和身边的人转化不良情绪。		

小思考

说说案例"好消息，坏消息"的设计亮点和不足，并提出改进意见。

我这样想

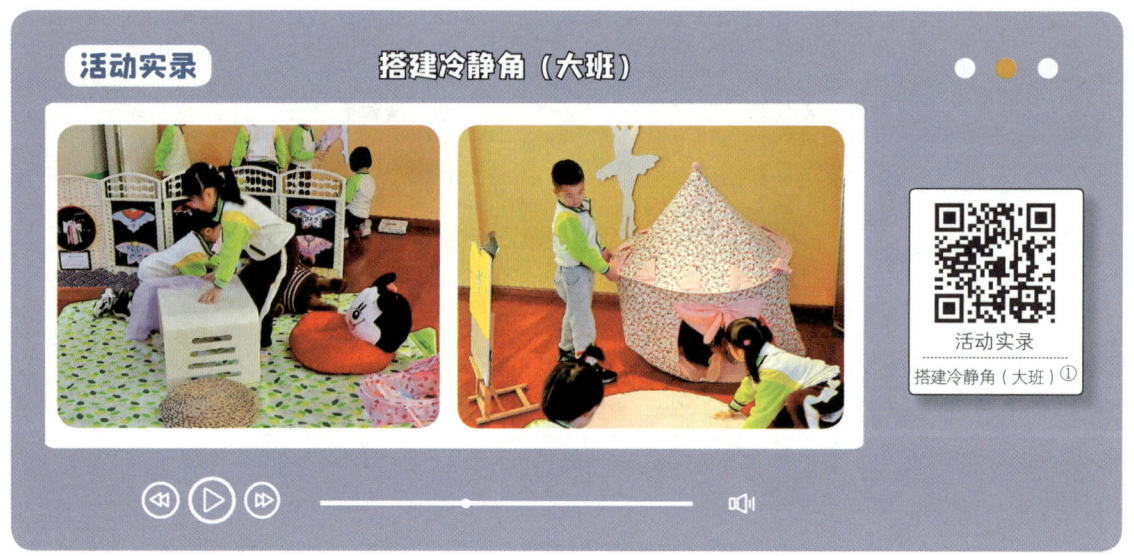

活动实录　　　　**搭建冷静角（大班）**

活动实录
搭建冷静角（大班）①

任务超市

以下为自选任务，请同学们根据自己的学习情况进行选择性操作练习。

1. 模仿案例"好消息，坏消息"，设计一个幼儿情绪教育活动，年龄段和内容自选。

2. 结合你的教育见习、实习的经验，设计一次情绪教育活动，年龄段和内容不限。

3. 在开学季，幼儿会产生哪些情绪问题呢？结合调查结果，并根据所学知识，请你就某个年龄段的其中一个情绪问题设计一次情绪教育活动。

---

① 本书"活动实录"视频均配有教案，部分配有PPT课件，可至网站have.ecnupress.com.cn下载。

任务二　组织幼儿社会交往教育活动

案例导入

区域活动时间，佳佳和小美在"小超市"玩角色游戏，佳佳扮演收银员，小美扮演顾客。这时，小英走了过来，也想扮演收银员的角色。佳佳告诉他：收银员只能有一个，请他下次再来玩。小英不同意，直接站到了收银员的位置，说："你玩过了，该轮到我了。"佳佳很生气，就和小英吵了起来。小美把事情告诉了老师。老师对小英说："当你希望加入游戏时，应有礼貌地

▲ 图2-2-1　小超市风波

提出，并征求对方的同意，如果对方不同意，你就需要等待，或者想办法和对方商量。"老师又对佳佳说："分享是一件很快乐的事，收银员也会交接班，你们可以轮流玩。"接下来，老师就"超市内有多个收银员"的问题，组织全班幼儿进行了头脑风暴。

分析：幼儿由于缺乏社会交往的经验和技能，常常会和周围的人发生不愉快的事情。教师应当为幼儿创设多样的社会交往环境，引导幼儿学习基本的社会交往技能，帮助幼儿在集体中与人友好相处。

任务描述

1. 复述幼儿社会交往教育的主要目标，并对各年龄段社会交往教育的目标进行区分。
2. 能运用所学知识，较为合理地设计与组织幼儿社会交往教育活动。
3. 关注教师在幼儿社会交往教育中的角色定位，反思并改进自己的社会交往行为。

知识储备

一、 交往能力与幼儿社会交往教育的概念

幼儿社会交往是指幼儿在学习和生活过程中，借助于语言或非语言系统与他人进行沟通与情感交流的活动。交往能力是人们在社会交往过程中运用交往策略、交往技能以及建立与协调人际关系的能力。幼儿社会交往能力具体包括合作、分享、轮流、助人、遵守规则、解决冲突、应付挫折与变化等方面的能力。通过与他人的交往，幼儿能逐步学会合理地表达自己的愿望，了解他人的观点想法和情绪状态，并适时调节自己的行为，逐渐学会与人友好相处，更好地适应并融入社会生活。

国内有研究表明：受气质、性格、认知能力及早期亲子交往经验、行为特征等因素的影响，幼儿的社会交往表现出善于模仿、被动交往、以自我为中心、缺乏合作等特点，进而不同程度地影响幼儿社会交往能力的发展。虽然幼儿的交往能力有随年龄增长而提高的趋势，但在整个幼儿阶段，女孩社会交往能力的各项目水平均高于男孩，这在轮流意识、合作等方面尤为突出；独生子女的社会交往能力和非独生子女没有根本差别。

小资料

家庭因素对幼儿社会交往能力的影响[①]

一项关于258名3—6岁城市幼儿社会交往能力的调查研究显示：由父母独自抚养的幼儿的社交水平最高，由老人或由其他人抚养的幼儿的社交水平较低，且无差异；三口之家中的幼儿社交水平最高，而家中有一位老人的幼儿与三代同堂家庭中的幼儿的社交水平较低，且无差异；父母有无工作对幼儿社会交往水平没有显著影响。

幼儿社会交往教育指教师有目的、有计划地通过创设一定的情境和条件，激发幼儿社会交往的意愿，引导幼儿学习社会交往技能，培养幼儿良好的社会交往行为的活动。其目的在于通过为幼儿提供交往的机会，构建人际交往的平台，使幼儿形成关心、理解、尊重和赞赏他人的人际交往态度，学习与掌握人际交往的技能，逐渐学会与人友好相处。在幼儿阶段，有目的、有计划、有组织地对孩子进行社会交往教育，不仅有利于幼儿学会与其他社会成员的交往技能，而且对于幼儿未来的社会交往能力也会产生深远的影响。

---

① 曹安.3—6岁城市儿童社会交往能力及其与家庭因素的关系的调查［J］.上海教育科研，2000（06）：40—43.

▲ 图2-2-2　幼儿在安慰同伴

二、幼儿社会交往教育的目标制定

社会交往在性质上具有积极、中性和消极之分。积极交往是友好、善意的载体，如礼貌、谦让、合作、互助等；中性交往是一切交往的基础，如寻求帮助、寻求注意、模仿、服从等，这些交往行为没有积极或消极之分，仅仅是一种纯粹的交往；消极交往是恶意、挫折的载体，如忽视、拒绝、攻击、争执、退缩等。幼儿社会交往教育的主要目标就是在发展中性交往的基础上，优化积极交往，矫正消极交往，帮助幼儿形成良好的社会交往品质。

为了帮助幼儿更好地适应集体生活，结合《指南》的要求，我们对幼儿各年龄段社会交往的教育目标做出以下建议。

表2-2-1　幼儿各年龄段社会交往教育目标的建议

3—4岁	4—5岁	5—6岁
（1）认识班级的同伴和教师，初步了解自己与他们的关系。 （2）愿意与同伴一起游戏；愿意与熟悉的长辈一起活动；喜欢承担一些小任务。 （3）不经提醒会向熟人打招呼；掌握礼貌用语，有礼貌地与别人交往；能够与同伴共同活动，不争夺或独占玩具；与同伴发生冲突时，能听从成人的劝解。	（1）了解好朋友的兴趣和爱好；知道教师和父母的不同与爱好。 （2）有自己的亲密同伴；有事情愿意告诉长辈；活动时愿意接受同伴的建议和意见。 （3）会准确地根据场合使用礼貌用语；能够掌握介绍自己、轮流、交换、合作、谦让等交往技巧；与同伴发生冲突时，能在他人的帮助下和平解决；不霸道，不欺负弱小。	（1）知道自己班级与中、小班级的不同，知道自己是幼儿园的哥哥姐姐。 （2）有自己的亲密同伴，也喜欢结交新朋友；能主动照顾、关心小班和中班的小朋友；有高兴的或有趣的事情愿意与大家分享；愿意帮助教师和家长分担工作与生活中的辛苦。 （3）能够初步理解他人的行为与思想意图，能考虑他人的需要，并以恰当的方式与他人交往；能基本独立地解决同伴间的冲突；不欺负别人，也不允许别人欺负自己；能主动帮助弱小的同伴、老人和残疾人。

小组讨论，尝试对幼儿各年龄段的社会交往教育目标进行比较和区分。

三、 幼儿社会交往教育的内容与要求

依据幼儿社会交往的主要对象，我们将幼儿社会交往教育分为亲子交往教育、同伴交往教育和师幼交往教育。

（一）亲子交往教育

▲ 图2-2-3 亲子交往

亲子交往是指幼儿与其主要抚养人（主要是父母）之间进行的，伴随情感关系的交往过程。人们也常常把它称为亲子关系。它是儿童早期生活中最主要的社会关系。在亲子交往中，父母相对幼儿来讲，处在亲子关系的主动地位，父母的想法、观念和行为会对孩子产生极大的影响，是幼儿未来人际交往、社会适应能力发展的基础。

蕴含着极其丰富教育资源的亲子交往

活动正是培养幼儿社会交往能力的良好载体。小班幼儿的亲子交往教育应重点引导其知道父母的姓名；尊敬父母，不对父母乱发脾气。中班幼儿的亲子交往教育应重点引导其了解父母的职业，感受到父母对自己的情感；有事情愿意告诉父母；能够愉快地与父母一起参加集体活动。大班幼儿的亲子交往教育应重点引导其进一步了解父母的爱好，知道父母对自己所做的事情，学会感恩；学会关心父母，如不打扰父母工作和休息；愿意与父母分担工作与生活中的辛苦，帮助父母做力所能及的事情。

（二）同伴交往教育

同伴是指幼儿与之相处的具有相同社会认知能力的人，同伴交往在幼儿社会化中起着成人无法取代的独特作用。良好的同伴交往可以帮助幼儿获得更广阔的认知视野，促进社会交往技能的获得，同时为幼儿在不熟悉或有威胁的环境中，或由于父母不在身边而无法得到安慰时，提供及时的感情支持，克服心理上可能出现的问题。

不同年龄阶段的幼儿，在同伴交往中表现出不同的行为特点。小班幼儿的心理发展水平较低，反映在其交往策略上的有意性、主动性和积极性都较低；中班以后的幼儿在同伴交往中使用"发起""协调""交换"的策略明显增多，交往的有意性、主动性、积极性增强。因此，小班幼儿的同伴交往教育应重点引导其尽快熟悉班级同伴，并愿意与同伴一起游戏；愿

▲ 图2-2-4　同伴交往

意与别人分享玩具，不干扰和妨碍别人的游戏活动。中班幼儿的同伴交往教育应重点引导其知道好朋友的爱好与特点；与同伴友好游戏，学会分享、合作与谦让；学会关心同伴，不欺负弱小。大班幼儿的同伴交往教育应重点引导其能用轮流、合作、交换、等待等策略与同伴共同做事、游戏；与同伴发生矛盾时能协商解决；主动帮助比自己小的孩子做事、游戏。

（三）师幼交往教育

不同年龄段的幼儿在与教师交往时的特点存在差异，相关的师幼交往教育内容也有所不同。比如小班幼儿初入园，对教师还有陌生感，重点是引导幼儿逐步听懂教师的指令并按照指令行动；帮助幼儿积极与教师交往并体验到共同生活的乐趣。中班幼儿已经适应师幼互动的学习环境，熟悉集体规则，与教师建立起了一定的信任关系，此时应及时引导幼

▲ 图2-2-5　师幼交往

儿在师幼交往中了解教师工作的辛苦；深入体验到教师对自己的爱，从而产生对教师的积极情感；引导幼儿愿意在遇到问题时主动寻求教师的帮助。大班幼儿与教师已建立了稳定的情感联系，师幼交往能力增强，应重点引导幼儿主动帮助教师承担力所能及的简单任务；听从教师的劝告，不做危险的事情。同时还需考虑到幼儿的个体差异，如有的幼儿属于气质退缩型、性格内向、孤僻，教师在师幼互动中需要对其进行格外关注，给予较强的心理支持。

四、 幼儿社会交往教育活动的设计与组织

（一）创设多元的互动交往环境

▲ 图2-2-6　家长助教进班

　　幼儿的社会交往能力是在与复杂环境的不断互动中逐步发展的。在幼儿园，幼儿社会交往的类型体现在同伴交往和师幼交往上，形成比较稳定的人际适应关系。但随着年龄的增长，需要幼儿具备适应新环境和环境变化的能力，因而可以在社会交往教育活动的设计中创设多元的互动交往环境。例如：设计"请家长进班"的特殊环节，让家长与幼儿进行学习互动，让

▲ 图2-2-7　混龄交流

▲ 图2-2-8　与客人老师交谈

幼儿了解父母的辛苦，增进亲子感情；还可以"走出去"，让幼儿尝试与其他班级的幼儿、社区居民或其他社会人员进行交往，锻炼幼儿在陌生环境中的社会交往能力。

（二）在活动中制造"矛盾场景"

在适度与安全的前提下，教师可在活动的设计与组织中故意制造"矛盾场景"，让达成任务目标存在困难空间，促使幼儿在"冲突"中努力克服自身弱点，学习在不同特点的问题情境中尊重他人，增强群体意识，尝试解决问题，积累交往经验，提高人际交往能力。

小示例

中班社会交往教育活动：逃生演练（片段）

教师将全班孩子的椅子围成一个圈，并留下两个较大的口子（安全门），幼儿在圈内。听到逃生警报后，幼儿分成两组分别从两个安全门依次快速爬出。第一次"逃生"很顺利，两组完成的速度都比较快。接下来，教师在每一次"逃生"中都随机抽掉几把椅子，圈变得越来越小，"安全门"也越来越窄，于是幼儿的空间变得紧张起来，通过的速度明显下降，声音也开始嘈杂起来。有的幼儿不停催促前面的人快一点，有的开始推搡，有的卡在"安全门"很久，有的放弃了"逃生"，还有的幼儿为了小组获得胜利，用违规的方式离开圆圈。这时，教师停止了逃生警报，要求孩子们留在原地，观察所有人目前的情况；以小组为单位分析问题，调整策略再重新开始，并对违规的小组进行了惩罚。

一番讨论后，逃生警报再次响起。第一组幼儿根据自己的体形和灵活度，预先设计好了不同的爬行姿势；第二组幼儿采取让体形瘦的孩子先出，体形较胖的后出的策略。两组的通过速度都有了明显的提升，第一组略微领先。这时，教师又停止了逃生警报，让幼儿再回顾"逃生"中遇到的问题并讨论收获。孩子们总结并得出了"要团队合作，听从组长指挥""根据体形调整爬行姿势能通过得更快""通过时要一个接一个，不能着急""遇到困难不要争吵，要先想办法""后面的人要适当帮助前面的人"等经验。

▲ 图2-2-9　"逃生演练"活动

（三）在交往活动中提供榜样示范

▲ 图2-2-10　榜样示范

幼儿好模仿，容易受暗示，榜样可以起到强化行为的效果。榜样可以是人，也可以是物或精神形象；可以是同伴榜样，也可以是成人榜样。教师可以在活动中出示"榜样"，让幼儿在观察学习的基础上巩固交往技能与策略。这里特别要注意的是，教师是幼儿很重要的模仿对象，教师的言行举止、待人接物的方式及态度都直接或间接地影响着幼儿。如果教师在互动中表现为与人友好相处，幼儿会耳濡目染，会自然而然地去模仿教师的交往行为。因此，教师在活动组织中要注意自己的言行，要以身作则，为幼儿树立一个良好的榜样。

小资料

教师在幼儿社会交往教育中的角色定位[①]

幼儿教师除了扮演一般社会成员共有的社会角色外，还承担了特有的社会责任和教育义务，在培养孩子交往能力中的角色定位不容忽视。

（1）榜样角色：教师的积极情绪能激发幼儿的交往欲望。

（2）导师角色：教师要教会幼儿正确的人际交往方法。

（3）伙伴角色：教师通过活动的开展来锻炼幼儿的交往能力。

（4）专家角色：教师指导幼儿家长共同培养孩子的交往能力。

（四）利用偶发事件进行移情训练

移情是对他人情绪情感状态的识别和接受。在交往中引导幼儿换位思考，觉察他人的情感，感受他人的需要，并且产生与他人相同的心理感受，可以促进幼儿建立和谐的人际关系，减少矛盾的产生。在活动组织中，教师应抓住偶发事件，注重引导幼儿考虑自己的行为对他人可能产生的影响，让孩子学会换一个角度思考：如果是你碰到这件事，你会有

---

① 杨凡.教师在幼儿人际交往能力培养中的角色定位［J］.课程教育研究，2019（32）：218.

怎样的态度，并由此让孩子意识到同伴对他所持的态度，从而懂得要站在他人的立场上设想他人的兴趣与需要。

小示例

大班心理健康教育活动：大家一起笑起来（片段）

在"击鼓传花"的游戏环节中，拿到娃娃的小朋友要站起来和大家分享自己开心的事情。这次音乐停的时候，娃娃到了小亮的手里，小亮慢慢站起来，可能是因为紧张，说话有些结巴。这时候，旁边的乐乐和欣欣笑了起来，还学着小亮的样子说话，小亮羞得满脸通红，想好的话也不记得了。

老师先对小亮的回答给予了鼓励，然后就刚才的嘲笑事件组织了一次讨论。"假如你正想和别人分享一件非常高兴的事情，却遭到了嘲笑，你还高兴吗？你还愿意继续和大家分享那件高兴的事情吗？"老师请大家把自己想象成当事人，体验自己当下的感觉，小朋友们都表示自己会变得不高兴、难过、生气、不想说话等，乐乐和欣欣也意识到了自己的错误。

（五）及时鼓励活动中的积极交往行为

幼儿常常不能明显觉察到自己与他人交往时的愉快情绪。因此，教师在活动中一旦发现幼儿能与同伴友好配合地玩耍，或产生商量、分享、互助等积极交往行为时，应注意及时地给予肯定、鼓励，引导幼儿感受友好交往的成果，体验其中的快乐，使其行为更加稳定、自觉化。

（a）　　　　　　　　　　（b）

▲ 图2-2-11　鼓励活动中的积极交往

（六）提供幼儿语言表达的支持

微课讲解
幼儿分享行为的发展
特点与教育指导策略

友好的交流语言是积极社会交往开始的引子，因此，教师应在日常生活中或活动组织中多为幼儿提供学习交往语言的支持，多引导幼儿练习如"你好，我能和你一起玩吗""我们一起来做，你觉得怎么样""我来帮助你好吗"等友好性语言，为幼儿的积极社会交往行为做好铺垫。

 活力加油站

中班社会交往教育活动：分享真快乐

基 本 信 息			
活动名称	分享真快乐	**活动班级**	中二班
执教老师	王老师	**主要领域**	健康、语言

活动设计背景

　　4—5岁是幼儿分享行为发展的关键期，但受自我中心意识的影响，幼儿在游戏中还是容易出现不乐意分享的情况，为此常常难以和同伴友好交往，享受不到交往的快乐。故事《一粒小米种子》讲述了一只小鸡为了和小伙伴共同分享一粒小米，细心播种，耐心等待，收获后终于将小米分给大家吃的故事。本次活动将故事学习与体验式操作相结合，让幼儿在活动中换位思考，认识分享的意义，体会分享的快乐，学习如何与同伴分享。

活 动 目 标

（1）学习分享，知道谦让和分享能交到更多的朋友。
（2）能与同伴分享玩具、图书，并与同伴积极交流自己的想法。
（3）感受谦让、分享给别人和自己带来的快乐，体验爱的温馨与美好。

活动重点、难点

重点	知道谦让和分享能交到更多的朋友。
难点	能与同伴分享玩具、图书，并与同伴积极交流自己的想法。

活 动 准 备

（1）幼儿提前带一件自己喜欢的物品。
（2）《一粒小米种子》的故事课件、幼儿在日常生活中与同伴分享和愉快玩耍的照片、轻柔的背景音乐。
（3）幼儿已有与同伴分享物品的初步经验。

（续表）

活 动 过 程			
活 动 环 节	教 师 活 动	幼 儿 活 动	设 计 意 图
一、创设问题情境，初步交流分享的感受	展示幼儿自带的玩具和图书，请幼儿自由选择自己最喜欢的一个玩具或一本图书，并说一说： 1. 为什么喜欢它？ 2. 如果你喜欢的东西你的同伴也喜欢，你会怎么办？	幼儿选择自己最喜欢的一个玩具或一本图书，并讲述喜欢的原因及有关分享的想法。	在问题情境中启发幼儿换位思考，初步感知分享行为。
二、学习故事，理解分享的意义	1. 完整讲述故事，提问：小鸡连克在院子里找到一粒小米种子时，它是怎么想的？怎么做的？它为什么这么做？连克的同伴吃到小米时的心情是怎样的？小鸡连克的心情又是怎么样的？ 2. 教师小结：小鸡连克有好东西时总是愿意与同伴分享，分享就是有了好吃的和别人分着吃，有好玩的东西和别人一起玩，有好书能轮流看。分享能让同伴快乐，也能让自己很快乐。 3. 请幼儿讲述自己的分享经历，提问：你和好朋友分享过什么？分享后，好朋友的心情是怎样的？你的心情是怎样的？	1. 学习故事，思考并回答问题。 2. 在交流中理解：分享就是将自己喜欢的东西或快乐的事情与小伙伴共享。 3. 幼儿互相交流自己的分享经历，进一步感知分享的意义：分享让自己和小伙伴感到心情愉快，相互分享可以获得更多的快乐。	先结合故事，以小鸡连克为"学习示范"，引导幼儿初步理解分享的意义；再通过回忆和讲述自己的亲身经验，进一步巩固对分享行为的认同。
三、互相分享，体验分享的快乐	1. 播放音乐，请幼儿将自己喜欢的物品结伴交换，注意引导幼儿能与更多的小朋友进行分享。 2. 提问：你和谁分享了自己的好东西？交到了新朋友吗？心里有什么感受？有不愉快的事情发生吗？怎样解决的？	1. 幼儿尝试与小伙伴交换自己喜欢的物品。 2. 回顾自己在交换中的经历，和大家交流在分享过程中的体验和遇到的问题。	在操作活动中深入体验分享行为所带来的美好感受；在同伴交往中发现自己与他人分享物品时容易出现的问题，尝试探索问题的解决方法。
四、师幼总结，归纳分享的方法	小结：分享不仅能使小朋友得到更多的玩具和图书，而且能使小朋友感受到更多的快乐。在分享的时候，我们要有礼貌，爱惜别人的东西，玩好了及时归还。	集体小结与同伴分享物品的经验和方法。	师幼共同回忆分享活动前后的心情变化，探讨分享行为的相关技巧，帮助幼儿日后更好地在分享中体验积极交往的快乐。
活动延伸	提醒幼儿在之后的区域活动中要注意互相谦让，和同伴分享，共同使用区域内的材料。		

小思考

幼儿的分享行为发展有什么特点？还有哪些方法可以帮助幼儿更好地与同伴开展分享活动？

我这样想

小资料

幼儿社交障碍

社交障碍是指个体在社会交往中，因言行过多或过少，而导致社交互动处于负面的、无效的或不满意的状态。[①]社交障碍问题的发生与个体的生理、心理、环境等因素密切相关。幼儿社交障碍的常见类型包括：社交退缩、社交焦虑、自闭症谱系障碍、注意缺陷多动障碍等。社交障碍会影响幼儿的心理成熟和健康发展。在融合教育的视野下，幼儿教师不仅要关注普通幼儿的社会交往教育，也要为特殊幼儿的社交互动发展提供真诚的帮助，努力促进特殊幼儿和普通幼儿的共同成长与融合。

微课讲解

融合教育视域下幼儿社交障碍的观察、评估与教育干预

任务超市

以下为自选任务，请同学们根据自己的学习情况进行选择性操作练习。

1. 根据实践经验，针对幼儿同伴交往中的某个问题，设计一次幼儿同伴交往教育活动，年龄段与主题自选。

2. 以小组为单位，尝试充分利用园内外资源，设计一次幼儿亲子交往教育活动方案，将方案发送给本校实践基地的幼儿教师进行评价，主题和年龄段自选。

3. 到实践基地观察某班师幼交往中的特点和问题，根据该年龄段师幼交往的要求设计一次师幼交往教育活动，尝试组织活动，记录过程并反思。

---

① 戴新娟，顾平.中西医结合护理诊断手册［M］.南京：南京大学出版社，2018.

过关测验

一、选择题

1. 以下（　　）不属于心理健康教育的内容。

   A. 情绪情感　　　　　B. 交往技能　　　　　C. 自身安全　　　　　D. 行为习惯

2. 幼儿情绪教育是教育者在一定的社会文化背景下，根据幼儿身心发展的特点和情绪发展的规律，采用各种方法和措施，初步培养幼儿对（　　）的理解、表达和调节能力的教育活动。（可多选）

   A. 自我情绪　　　　　B. 他人情绪　　　　　C. 教师情绪　　　　　D. 环境情绪

3. 下列（　　）不属于幼儿社会交往教育活动的设计与组织要求。

   A. 创设多元的互动交往环境　　　　　B. 在活动中制造"矛盾场景"

   C. 在交往活动中提供榜样示范　　　　　D. 对错误行为进行当众批评

二、实操题

受中国传统社会观念以及人们生活节奏日益加快的影响，目前很多家庭的孩子教育问题都由母亲负责，父爱缺失问题较为普遍。有专家指出：父亲在家庭教育中的角色不可取代，父亲要尽可能多地和孩子亲近，这有助于孩子的性格培养和身心的健康发展。父亲对育儿的参与程度越高，孩子就越聪明，适应能力也越强。

请以3—4人为一个小组，以"我的爸爸"为主题，设计一份心理健康教育的活动方案，年龄段不限。

积分奖励

1. 在"过关测验"中，每答对一道选择题可在自己的知识分值上加1分（共3分）。

2. 在"过关测验"中，完成实操题的同学请根据自评、互评、师评的平均分，在自己的能力分值上加分（满分为10分）。

3. 完成第二关所有"任务超市"的同学，请在自己的素养分值上加5分，完成其中一项的加3分，一项都没有完成的不能加分。

请你算一算，你现在的累计积分是多少？

知识（　　　）　　　　　能力（　　　）　　　　　素养（　　　）

反思与预测

　　请你回顾第二关的学习过程，写下你的反思和感悟，并说说自己对下一关学习的期待。

第三关　组织幼儿身体保健教育活动

闯关目标

知识目标	1. 了解各类幼儿身体保健教育的概念和意义。 2. 掌握各类幼儿身体保健教育的目标制定、内容选择及设计与组织的要求。
能力目标	1. 能够合理设计与组织幼儿生活习惯与生活能力教育活动。 2. 能够合理设计与组织幼儿安全教育活动。 3. 能够合理设计与组织幼儿饮食与营养教育活动。 4. 能够合理设计与组织幼儿身体认识与保护教育活动。
素养目标	1. 关注家园合作对促进幼儿身体保健教育有效性的重要性。 2. 在活动中持续反思提升师幼互动质量的方法，不断改进、提升自己的教育教学素养。

知识导图

本关导语	→	组织幼儿生活习惯与生活能力教育活动	→	组织幼儿安全教育活动	→	组织幼儿饮食与营养教育活动	→	组织幼儿身体认识与保护教育活动
● 幼儿身体保健教育的意义 ● 幼儿身体保健教育的内容		● 幼儿生活习惯与生活能力教育的概念及意义 ● 幼儿生活习惯与生活能力教育的目标制定 ● 幼儿生活习惯与生活能力教育的内容选择 ● 幼儿生活习惯与生活能力教育活动的设计与组织		● 幼儿安全教育的概念 ● 幼儿安全教育的目标制定 ● 幼儿安全教育的内容选择 ● 幼儿安全教育活动的设计与组织		● 幼儿饮食与营养教育的概念及意义 ● 幼儿饮食与营养教育的目标制定 ● 幼儿饮食与营养教育的内容选择 ● 幼儿饮食与营养教育活动的设计与组织		● 幼儿身体认识与保护教育的意义 ● 幼儿身体认识与保护教育的目标制定 ● 幼儿身体认识与保护教育的内容选择 ● 幼儿身体认识与保护教育活动的设计与组织

幼儿的健康成长，关乎国家与民族的未来。我们不仅要注重幼儿身体的健康发展，还要培养幼儿的健康意识，帮助他们养成健康的生活方式和生活习惯，提高他们自主健康生活的能力，为其一生的发展奠定坚实的基础。幼儿身体保健教育作为一类专门的教育活动，不仅能帮助幼儿更加全面、系统地掌握基本的身体保健知识和技能，而且有助于促进其形成科学的生活习惯及健康观念。

幼儿身体保健教育包括幼儿生活习惯与生活能力教育、安全教育、饮食与营养教育、身体认识与保护教育四个方面的内容。

累计积分

知识（　　　）　　　　　　能力（　　　）　　　　　　素养（　　　）

📝 学习笔记

任务一 组织幼儿生活习惯与 生活能力教育活动

案例导入

在教室最显眼的墙面上，我设计了一个"看谁跑得快"专栏。在绿色的跑道上，每个小朋友都有自己的专属小动物卡片，每天谁能独立完成一件事情，谁就可以让小动物往前跑一格。这下孩子们的积极性被调动了起来，寻求老师帮助的小朋友变少了。以前每次离园时，老师都要嘱咐小朋友别忘记收拾自己的玩具、摆好自己的小凳子，现在不用了。为了让自己的小动物跑得快，孩子们会主动地去完成整理工作。

分析：幼儿生活习惯与生活能力的培养不是一两次教育就能奏效的，这是一个漫长的过程。教师要给他们创造条件，比如给幼儿提供可供收纳玩教具并贴好分类标签的柜子或篮子，通过游戏或树立榜样的方式督促幼儿坚持良好的行为习惯。在这个过程中，教师要多一些耐心和等待，多指导、多鼓励、少指责，逐步锻炼幼儿的独立生活能力，培养其良好的生活习惯。

任务描述

1. 列举幼儿应具备的生活习惯与生活能力。
2. 概述幼儿生活习惯与生活能力教育的目标制定与内容选择的要求。
3. 能根据所学知识较为合理地设计与组织幼儿生活习惯与生活能力教育活动。
4. 在活动设计与组织中以幼儿为中心，多角度、多策略地促进幼儿良好习惯的养成。

知识储备

一、 幼儿生活习惯与生活能力教育的概念及意义

（一）幼儿生活习惯与生活能力教育的概念

幼儿生活习惯是指幼儿在生活方面所表现出的比较稳定的心理品质和行为方式；而幼儿生活能力是指幼儿在日常生活中照料自己生活的自我服务性劳动等能力。

幼儿生活习惯与生活能力教育是指在幼儿园的一日活动中，教师根据幼儿身心发展的特点，有计划、有目的地进行的以丰富幼儿在生活习惯与生活能力方面的知识，同时改善幼儿的态度，帮助和促进幼儿逐步养成良好的生活习惯与生活能力为目的的教育活动。

▲ 图3-1-1 安静进餐的生活习惯

▲ 图3-1-2 整理物品的生活能力

（二）幼儿生活习惯与生活能力教育的意义

抓住幼儿期这个关键期，帮助幼儿养成良好的生活习惯，掌握基本的生活自理能力，将会对幼儿的生理、心理和社会适应等各方面产生重要影响，为其一生的发展奠定良好的基础。幼儿生活习惯与生活能力教育的意义可总结为以下几点：

1. 有利于幼儿的动作协调发展

教师通过让幼儿动手做自己的事情，如吃饭、喝水、穿衣服等，不仅让幼儿学会了生活自理，还锻炼了其手眼协调、肢体控制的能力，为幼儿未来的发展奠定坚实的基础。

2. 有利于培养幼儿独立、自信、坚强的个性品质

幼儿在家的时候，很多家长倾向于主动地去帮助幼儿，包揽一切，这并不利于幼儿生活习惯和生活能力的培养。所以当幼儿在幼儿园时，教师应尽可能多地提供机会，适时指导，鼓励幼儿独立完成自我服务工作，让其在提高生活技能的同时收获成就感，并建立起独立、自信的个性品质。

▲ 图3-1-3 叠衣服

▲ 图3-1-4　扫地

▲ 图3-1-5　择菜

3. 良好的生活卫生习惯是一生的健康保障

幼儿自身的抵抗力较差，很容易感染疾病，而良好的生活习惯，如注重个人卫生、饮食卫生、环境卫生等，不仅可以预防疾病，还能增强体质。

▲ 图3-1-6　饭前洗手

▲ 图3-1-7　早晚刷牙

小资料

日本用各类包锻炼幼儿的条理性 [1]

在日本办理入园手续的第一天，幼儿园就要求妈妈准备若干个大大小小的包。书包、装毛毯被褥的包、装餐具的包、餐具盒、装干净衣服的包、装换下的脏衣服的

---

[1] 刘小青.日本学前教育［M］.北京：文化艺术出版社，2017：166—169.

包、装鞋子的包等。有的幼儿园对于包的大小也有规定，有的幼儿园甚至要求所有的包都要妈妈一针一线地缝制出来。幼儿每天到了幼儿园后，要把自己的个人用品分门别类地整理好并放在统一的地方，长此以往锻炼了幼儿做事的条理性。

二、幼儿生活习惯与生活能力教育的目标制定

《纲要》给出了明确的目标，即"生活、卫生习惯良好，有基本的生活自理能力"；而《指南》则基于《纲要》提出了更加细致的培养目标（详见第一关任务二）。

这里，我们根据目标的三个维度（认知、能力、情感与态度），将幼儿生活习惯与生活能力教育的目标分为科学的生活与卫生知识、适合幼儿发展水平的生活自理能力以及持续发展的生活情感与态度三个维度。教育者在制定幼儿生活习惯与生活能力教育活动的目标时，应遵循以下要求：

（一）基于科学的生活与卫生知识

幼儿期是人身心发展最为快速的时期，更是良好生活习惯养成的关键期，包括衣、食、住、行等方面。因此，幼儿园要把幼儿良好生活习惯的培养置于优先位置，统筹安排保教活动，让幼儿逐步掌握科学的生活与卫生知识，这样才能帮助他们形成健康的行为模式。

小示例

与睡眠有关的活动目标

在组织与睡眠相关的教育活动时，教师为了帮助幼儿获取科学的睡眠常识，可以制定这样的目标：

（1）知道在固定时间午睡对自己的身体有好处。

（2）知道自己每天需要1—2小时的午睡时间。

分析 幼儿只有获取了正确的、科学的睡眠知识，才能自觉地改变行为，从而养成良好的睡眠习惯。

（二）基于适合幼儿发展水平的生活自理能力

陈鹤琴先生说，"凡是孩子自己能做的，应当让他自己做"，这就是对幼儿生活自理能力培养的最为直接的主张。教师要本着让幼儿"自己的事情自己做"的原则，并根据幼儿的年龄特点来培养其自理能力，使之形成习惯。比如，让3—4岁的幼儿学会自己洗手、上

厕所、穿脱衣服和鞋袜、洗手帕等自我服务性劳动。让5—6岁的幼儿学会做一些服务家人或同伴的力所能及的事情，如在家能够扫地、浇花、洗碗、分发碗筷等，在幼儿园能够清洁餐桌、分发与收拾餐盘、将食品垃圾进行简单分类等。

微课讲解
生活自理能力的训练

小示例

中班健康教育活动：干净的娃娃

（1）学习自己穿脱衣服，整理着装。

（2）知道要常换衣服，保持衣着整洁。

（3）逐步养成爱干净、勤换衣的好习惯。

分析 该目标紧贴幼儿日常生活，有利于锻炼幼儿自我服务的能力，促进其形成良好的生活习惯。

（三）基于持续发展的生活情感与态度

教师要让幼儿对生活有正确的理解和态度，热爱生活，主动服务自己，乐于服务他人。一个积极乐观的孩子，在生活和学习中也会更有自信，更愿意主动寻求解决问题的方法，自觉养成良好的生活能力和习惯。这样积极向上的生活情感与态度，不是在一次活动或者一个主题中就能建立的，而是在日常生活中的系列活动目标支架和成人的持续支持中不断发展的。例如在中班的健康教育活动"百宝箱"

▲ 图3-1-8 融入一日生活的习惯教育

中，教师设置了"在游戏中乐意整理自己的学习物品"这样的情感与态度目标。在活动结束后，教师又对孩子的区域活动、生活活动、家庭活动等分别提出了一系列围绕"整理物品"的目标和要求，支持幼儿"逐步养成主动整理自己的物品的习惯"。

三、 幼儿生活习惯与生活能力教育的内容选择

（一）幼儿生活习惯与生活能力教育的活动内容

幼儿日常生活习惯和生活能力教育的活动内容主要包括：个人卫生、饮食习惯、作息

习惯、排泄习惯、整理习惯、自我照料、环境卫生七个方面。

1. 个人卫生

（1）早晚刷牙、饭后漱口，掌握正确的刷牙方法。

（2）饭前便后和外出回来要洗手，不吃手，掌握正确的洗手方法。

（3）正确使用手帕或纸巾，有鼻涕及时擦，保持衣着整洁。

（4）勤洗澡、洗头，勤剪指甲，勤换衣服。

（5）保护眼睛，不用脏手揉眼睛，不长时间看电视，不在光线过强或过暗的地方看书。

（6）不乱挖耳朵、鼻孔。

小示例

七步洗手法

"七步洗手法"是目前最为科学的洗手方法，指的是涂好肥皂或洗手液后搓擦双手的七个步骤。

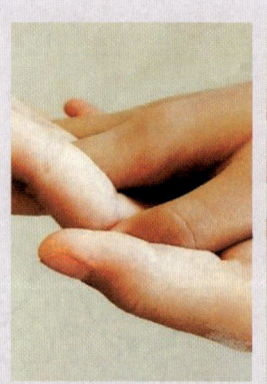 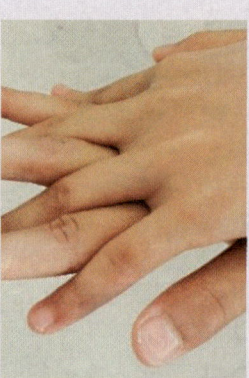 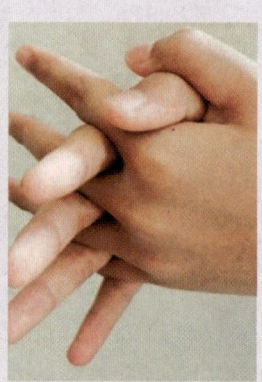

（a）掌心相对，相互揉搓　（b）手心对手背，指缝相互揉搓　（c）掌心相对，双手交叉，指缝相互揉搓

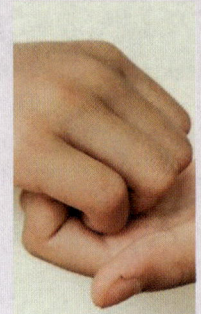 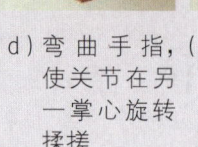 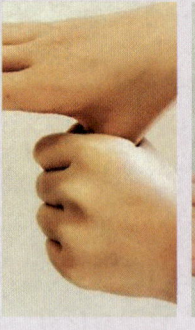 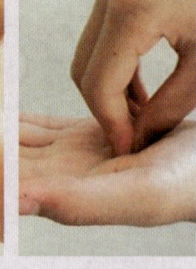 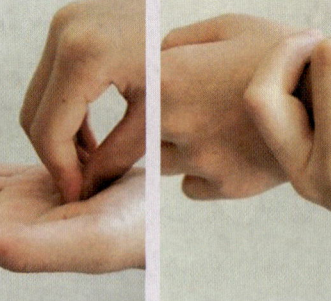

（d）弯曲手指，使关节在另一掌心旋转揉搓　（e）一手握住另一手的大拇指，旋转揉搓　（f）五个指尖在另一掌心揉搓　（g）清洁手腕

▲ 图3-1-9 七步洗手法

2. 饮食习惯

（1）一日三餐有规律，不挑食、不偏食，喜欢吃瓜果、蔬菜等新鲜食品。

（2）多喝白开水、少喝饮料，少吃不健康的食品。

（3）在规定的时间内安静地进餐，吃东西时细嚼慢咽，不暴饮暴食。

3. 作息习惯

（1）每天按时入睡和起床，早睡早起。

（2）坚持午睡。

小资料

规律的睡眠是非常重要的[①]

约翰·贝茨博士对204个4到5岁的孩子进行了调查研究，考察了他们的家庭环境、幼儿园行为、睡眠类型等大量细节。他发现，上床睡觉时间变化大，以及太晚睡觉，会使幼儿很难适应幼儿园。这个研究表明，睡眠问题会直接引起孩子在幼儿园的行为问题。其他研究显示，大一点的孩子在过度疲劳之后，不再缠着父母，而是缠着老师。

---

4. 排泄习惯

（1）不憋大小便。

（2）每天定时大便。

5. 整理习惯

（1）整理自己的物品，如玩具、书本、笔、绘画用具等。

（2）将使用过的工具、玩具和图书放回原处。

（3）根据自己的冷热增减衣服。

6. 自我照料

（1）自己穿脱衣服或鞋袜。

（2）会扣纽扣、拉拉链、系鞋带。

（3）保持环境整洁与卫生，不乱扔垃圾。

7. 环境卫生

（1）不随地大小便。

（2）不在墙上乱涂乱画。

（3）会做简单的清洁劳动。

---

① 马克·维斯布朗.婴幼儿睡眠圣经［M］.南宁：广西科学技术出版社，2016：387.

（二）幼儿生活习惯与生活能力教育的内容来源

1. 立足于日常生活

"生活即教育"是陶行知先生生活教育理论的核心观点。他主张"把教育与生活完全融为一体"。也就是说，一日生活中处处蕴藏着教育。关于生活习惯与生活能力培养的教育内容必须是来源于生活、服务于生活的。以幼儿在园的"进餐"环节为例，在进餐前的卫生要求、进餐中的餐具使用和营养均衡、进餐后的自我清洁及整理等都是幼儿生活习惯与生活能力教育的重要内容。

2. 与发展目标相结合

《指南》中对幼儿"生活习惯与生活能力"目标维度的各年龄段发展水平和典型表现做出了说明。《指南》基于3—6岁幼儿身心发展的规律与学习特点，在对我国幼儿学习与发展状况进行调查研究的基础上研制了一整套比较科学、明确、具体的目标和教育建议，体现了国家对3—6岁幼儿学习与发展的方向引导和质量要求，是幼儿园开展具体教育教学的指导性文件。幼儿生活习惯与生活能力教育的内容选择应把《指南》的相关发展目标要求作为重要依据。

3. 挖掘社会热点事件

社会热点事件中也蕴含着很多有价值的教育内容或提示。例如，在传染病易发期间，幼儿园和家长开始更为关注孩子良好个人卫生习惯的养成，关注坚持身体锻炼对适应未来不断变化的环境的重要性，因此，教育工作者在教学中增加了对流行性传染病相关知识的学习要求，把个人卫生和疾病预防的教育内容渗透到了相关教育教学活动中。

（a）

（b）

▲ 图3-1-10 流行性传染病预防教育

四、 幼儿生活习惯与生活能力教育活动的设计与组织

幼儿良好生活习惯与生活能力的养成来源于生活，完善于生活。教师是幼儿在园所接

受教育的过程中养成良好生活习惯，形成良好生活能力的直接引导人。教师可以通过优化生活教育环境、组织专题式教育活动、引导混龄合作学习、深入开展家园共育等途径，引导幼儿学习各项生活技能的正确操作方法，培养其生活能力与习惯。

（一）优化生活教育环境

环境具有极强的渗透性，因此，教师要创设良好的幼儿园生活教育环境，为幼儿营造浓厚的教育氛围，以此塑造幼儿行为，让环境"说话"，即时提示幼儿应该做什么和怎样做。

比如在洗手间的地面贴上可爱的小脚丫，幼儿站到小脚丫上等待洗手、如厕；桌面标识可用于幼儿识别自己的座位及碗筷摆放的位置；将洗手、穿衣、穿鞋的正确步骤与方法都用相机拍成照片，按先后顺序粘贴在墙上，并且按照图片上的方法，示范讲解给幼儿听；幼儿时常会乱放玩具，教师可以用即时贴剪出不同的形状，如花形、心形、叶形、星形、月形，对应贴在玩具筐和橱柜上，由于标识明确，非常利于幼儿物归原处。在日常生活中，教师可经常提醒幼儿按照标识、图片提示去做，这样幼儿的生活自理能力才能不断提高，同时养成良好的生活习惯。

▲ 图3-1-11　地面标识

▲ 图3-1-12　墙面标识

结合"生活习惯与生活能力"的教育内容，教师还可以在活动室为幼儿创设生活区角，投放供幼儿练习系鞋带、穿衣服、夹筷子用的玩教具等，使幼儿在自主游戏中自然地学习。

小示例

小班生活区角活动：喂小动物吃食物

1. 区角关键经验

（1）练习正确使用筷子，根据小动物的特性喂它们吃喜欢的食物。

（2）愿意积极参与活动，为自己用能干的小手帮助了小动物而感到高兴。

2. 活动材料

自制的大嘴巴小动物（如小猫、小狗、小兔、小猴、小熊等），串珠（上面贴有肉骨头、鱼、胡萝卜、桃子等图案），以及盘子、筷子等。

3. 活动要点

幼儿根据已有的生活经验，判断小动物的喜好，用筷子从盘子里夹起小动物喜欢吃的食物并喂给它们吃，边喂边说："小猴，请你吃桃子。"（根据自己喂的小动物和食物来说）

▲ 图3-1-13　喂小动物吃食物

（二）组织专题式教育活动

专题式教育活动是教师把教育内容按照一定的标准划分成若干部分，并把每一个部分视作独立的专题进行教育教学的活动。幼儿生活习惯和生活能力教育中的专题式教育活动是一个开放式的教育组织形式，应容纳多种教学方法和手段，发挥其个性化教学的优势。例如在个人卫生习惯的专题教育中，可以游戏的方式开展，以竞赛的方式推进，以情境问题的解决提升，使幼儿在快乐的活动中自然养成良好的卫生习惯。

微课讲解
生活习惯养成游戏

小示例

让幼儿爱上喝水

1. 拟人游戏法

让幼儿在拟人游戏中养成爱喝水的习惯。这种方法比较适合小班幼儿。小班幼儿的一日活动为游戏所贯穿，教师可以把游戏中的情景或人物延伸到喝水的环节中。例如，在小汽车的游戏结束后，教师可以这样引导幼儿："小汽车需要加油了！"然后，自然地引入喝水环节。

2. 儿歌故事法

利用儿歌（如《小水滴》）或者故事（如《小水滴旅行记》）引起幼儿喝水的兴趣，激发幼儿喝水的愿望。

儿歌《小水滴》：小水桶，大肚皮，里面藏着小水滴；小水滴，别着急，宝宝马上来接你。咕嘟嘟，咕嘟嘟，水滴跑进肚子里。

让幼儿学会并爱上洗手

1. 情境问题解决法

在洗手的过程中，我们既要充分洗干净手，又要考虑节约用水，因此，洗一次手就要开关水龙头两次。这就会遇到问题：在抹完肥皂开水龙头冲洗时，又会将肥皂沫留在开关上，手冲洗干净后关龙头时又会将手弄脏。那么，如何解决这个问题呢？

我决定让幼儿自己思考，想个合理、可行的方法。一方面，幼儿会有很多的奇思妙想；另一方面，他们会更愿意去尝试、执行自己讨论出的方法。结果，有幼儿想出特别好的办法：洗手时，两两合作，让排在后面的幼儿负责开关水龙头，这样，既缩短了洗手的时间，又不会将洗干净的手再弄脏。解决生活问题的高手出现了。

2. 实验观察法

实验材料：同一天生产的同一个包装袋中的白面包，密封袋、便签、记号笔。

实验过程：把面包编号，并在实验后装进袋子里。

①号面包，在笔记本电脑上擦拭过后，装进密封袋。

②号面包，直接从包装袋里取出，装进密封袋。

③号面包，让手脏的幼儿都摸一遍，装进密封袋。

④号面包，让用肥皂洗过手的幼儿摸一遍，装进密封袋。

⑤号面包，让用免洗洗手液洗过手的幼儿摸一遍，装进密封袋。

然后，教师把装在密封袋里的面包挂在墙上，让幼儿记录面包每天的变化。一开始面包们没什么差别，可在3到4个星期后，面包们就变得形色各异、面目全非了。

细菌用肉眼看不到，洗得干不干净也没什么直观的标准。而教师只用了5片面包，就让班里的幼儿认识了细菌的威力，孩子们从此全都乖乖地认真洗手了。

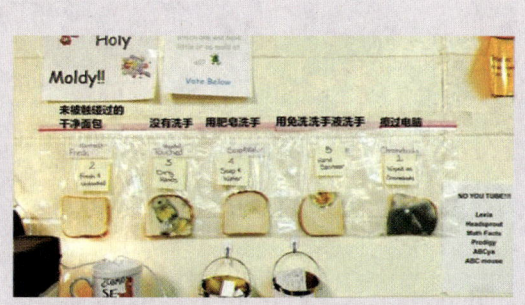

▲ 图3-1-14　实验观察法

（三）引导混龄合作学习

混龄学习活动对每个年龄段的幼儿都有不同的功能，不仅能使小年龄幼儿有了学习的榜样，也能使大年龄幼儿有了督促自己不断进步的力量。比如，在教小班幼儿洗手时，可以请中班、大班的幼儿做示范，他们在帮助小班幼儿学习洗手的过程中，自己也能把手洗得干干净净了。这种混龄互动式的教育组织形式能起到教学相长的作用。

（a）

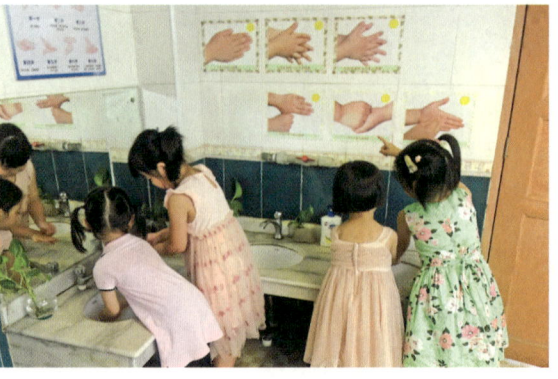
（b）

▲ 图3-1-15　混龄合作学习

（四）深入开展家园共育

如果没有家庭的配合，幼儿生活习惯和生活能力的培养就会事倍功半，甚至完全没有效果。教师可通过专题讲座等形式，向家长宣传培养幼儿生活卫生习惯的重要性，分享家庭养成教育的方式方法；引导家长和幼儿共同制定比较详细的生活卫生规则，通过规则促进行为习惯的养成。比如，当家长要帮助孩子逐渐建立规律的生活作息习惯时，就需要家长在要求孩子的同时，自己先做榜样。幼儿在家庭生活的过程当中，会内化一部分的概念规则，加上幼儿园一致化的教育要求，他们就比较容易养成规律的生活习惯。

▲ 图3-1-16　亲子专题讲座

7:00—8:00起床，吃饭
8:00—9:30阅读
9:30—10:30休息时间
10:30—11:30知识提升
11:30—14:30午餐、午休
14:30—15:30兴趣活动
15:30—16:00休息+点心时间
16:00—18:00户外活动
18:00—19:00晚饭
19:00—20:00自由活动
20:00—21:00睡前亲子时光
21:00 洗漱、睡觉

▲ 图3-1-17　幼儿假期生活作息表

小示例

午睡"困难户"

小一班幼儿浩浩是个腼腆的小男生，不怎么爱说话。教师发现浩浩在午睡时总是用被子蒙住头，被窝里常常会发出阵阵不规律的摩擦声，浩浩还经常用手来回地蹭着床上的标签纸（孩子床上标记名字的东西），甚至会在床上翻来覆去，久久不能入睡，是幼儿园的午睡"困难户"。经过家访，教师从浩浩的父母口中得知，浩浩在家一直没有午睡的习惯，家长工作也比较忙，没有时间看着孩子午睡，久而久之，浩浩便养成了不睡午觉的习惯。

在了解情况后，教师跟家长进行了沟通，希望家长和幼儿园配合，共同对孩子进行午睡习惯教育。教师提出，针对浩浩午睡困难的情况，可以采取"循序渐进"的方法。一开始可以轻轻地拍拍他，或者提醒他睡不着没关系，闭上眼睛休息一会儿，不给孩子午睡的压力。等待孩子渐渐安静躺着的时间变长，可以试着陪他完整午睡。午睡前可以播放有助入睡眠的轻音乐、故事等，目的是让孩子放松情绪，帮助他入睡。之后慢慢地过渡到让孩子独立入睡。经过1个月的家园合作共育，教师发现：浩浩的午睡习惯有很大改善，基本上是躺下来10分钟左右就能入睡。

▲ 图3-1-18　教师检查幼儿的午睡情况

🔆 活力加油站

中班健康教育活动：白白的牙齿

基 本 信 息			
活动名称	白白的牙齿	**活动班级**	中二班
执教老师	陈老师	**主要领域**	健康

活动设计背景

　　《指南》提出了4—5岁幼儿"每天早晚刷牙、饭前便后洗手，方法基本正确"的发展目标，中班幼儿已经在生活中有了刷牙的经验，但大多数幼儿的刷牙方法并不正确，而且没有养成早晚刷牙的好习惯。本次活动通过多媒体课件，引导幼儿认识龋齿的形成过程和危害，练习正确的刷牙方法，鼓励幼儿成为护牙小卫士，逐步养成爱牙护牙的好习惯。

活 动 目 标

（1）了解龋齿及其危害，知道刷牙的重要性。
（2）学习并掌握正确的刷牙方法。
（3）树立主动保护牙齿的意识，能坚持早晚刷牙。

（续表）

活动重点、难点	
重点	掌握正确的刷牙方法。
难点	能够在生活中逐步养成早晚刷牙的良好习惯。

活动准备
（1）龋齿图片、多媒体课件、大嘴狗手偶，教师用的画纸、记号笔，幼儿自己带的牙具、小镜子。 （2）幼儿已在生活中有刷牙的经验。

活动过程			
活动环节	**教师活动**	**幼儿活动**	**设计意图**
一、情境导入：认识新朋友"牙宝宝"	1. 导入：教师在画纸上画出新朋友"牙宝宝"，边画边讲述"牙宝宝"的故事。 2. 教师提问：牙宝宝为什么哭呀？你的牙齿有没有疼过？	幼儿回忆跟牙疼有关的生活经验。	通过故事讲述和经验回忆，引发幼儿对学习内容的探究兴趣。
二、观察讨论：了解龋齿及其危害	1. 教师播放课件，引导幼儿观察：牙齿生病会变黄，会有黑点和黑洞，这些生病的牙齿叫作龋齿，也就是蛀牙。 2. 引导幼儿说一说龋齿产生的危害。 3. 教师小结：龋齿的危害。	1. 幼儿照镜子，看一看自己的牙齿有没有龋齿。幼儿相互找一找同伴的牙齿有没有出现龋齿。 2. 讨论患龋齿的危害。	在互相观察和讨论的过程中，引起幼儿对保护牙齿的关注。
三、对比学习：探讨保护牙齿的方法	1. 教师提问：怎样才能让牙齿不生病呢？ 2. 教师出示刷牙图片，说明正确的刷牙方法。 3. 教师小结：坚持早晚刷牙，饭后漱口，少吃甜食，睡前不吃食物等习惯。	1. 幼儿互相讨论，自由发言。 2. 说说正确的刷牙方法。	观察图片，对比自己的刷牙方法，查找错误。
四、模仿练习：学习正确的刷牙方法	请大嘴狗示范国际标准巴氏刷牙法——刷毛与牙齿呈45度角，将刷毛贴近牙龈并加压，使刷毛的一部分进入龈沟，另一部分进入牙间隙来画圈刷；对于前牙内侧，我们可以将牙刷摆放垂直，上牙往下刷，下牙往上刷；刷磨牙面时，稍稍用力地前后来回刷。	幼儿跟着示范一步一步学习刷牙。	在形象生动的操作练习中加深对知识点的印象。
五、集体小结：争做护牙小卫士	1. 鼓励幼儿按正确的刷牙方法刷牙，保护好自己的牙宝宝，做个护牙小卫士。 2. 表扬方法正确的幼儿。	幼儿带着牙具去盥洗室继续练习正确的刷牙方法。	将集体教育活动与生活活动相结合，促使幼儿逐步建立良好的习惯。
活动延伸	1. 教师将刷牙方法示意图、手偶、塑料牙刷等材料投放到角色区，鼓励幼儿继续探讨刷牙的正确方法。 2. 幼儿向家人展示自己已掌握的保护牙齿的方法，和家人一起改正错误的刷牙方法。		

小思考

在练习正确的刷牙方法的过程中，有的幼儿坚持自己错误的刷法，并说："我妈妈也是这样刷的。"如果你是老师，你会怎么做？

我这样想

活动实录　　6S小达人（大班）

活动实录
6S小达人（大班）

任务超市

以下为自选任务，请同学们根据自己的学习情况进行选择性操作练习。

1. 举例说说培养幼儿良好生活习惯及生活能力的方法。

2. 模仿"白白的牙齿"，设计一个以"整理玩具"为主题的教学活动方案，年龄段为小班。

3. 以小组为单位，收集与幼儿生活习惯与生活能力教育相关的儿歌，并为其设计在幼儿园一日活动中应用的方案。

任务二　组织幼儿安全教育活动

案例导入

在一场由警察扮演"坏叔叔""坏阿姨"的诱拐实验中，杭州某幼儿园40名大班幼儿在不知情的情况下，进入了实验。在实验的半小时内，零食、玩具、iPad轮番上阵，19名小朋友被顺利"骗"走。这一幕，让在隔壁观看的家长们汗如雨下。

第一个"坏叔叔"拿着果冻走进教室。他走向一名正在桌子边玩的男孩。

"坏叔叔"：小朋友，我是幼儿园里新来的老师！你叫什么名字？

小朋友：我叫轩轩。

"坏叔叔"：你跟我去滑滑梯好不好？表现好，我给你一朵小红花。

小朋友：好。

轩轩就这样被冒充男老师的"坏叔叔"轻松抱走了。到了楼下，竟然还和"坏叔叔"玩上了"骑大马"的游戏。在隔壁看监控的妈妈们纷纷捂住了嘴巴，各种惊呼：果冻都没拿出来！不到5分钟就抱走了！

分析：在各种诱惑面前，年幼的孩子把家长和老师的安全教育抛在了脑后，这个实验非常值得老师和家长反思——自己的安全教育到底问题出在哪里？民警表示："这个实验要教育的其实并不是幼儿，而是家长。幼儿对坏人并没有认知，他们的世界是天真的。通过这次实验，希望更多家长、老师能够提高警惕。"

任务描述

1. 回忆幼儿安全教育的概念。
2. 熟悉幼儿安全教育的目标制定和内容选择的要求。
3. 能根据所学知识较为合理地设计与组织幼儿安全教育活动。
4. 明确家园合作在幼儿安全教育中的重要性。

---

① 佚名.一个陀螺骗走了4个，一个iPad拐走了5个［N］.钱江晚报，2013-06-01（3）.

 **知识储备**

一、 幼儿安全教育的概念

幼儿安全教育是指幼儿园教师及其他责任相关者为培养幼儿的安全意识、辨析安全与否的能力、自我保护能力、情感安全而对幼儿进行的日常和专题教育以及模拟演习等活动。

《纲要》明确规定："幼儿园必须把保护幼儿的生命和促进幼儿的健康放在工作的首位。"可见，安全教育是幼儿园教育工作的基础环节，是重中之重。幼儿园应针对幼儿身心特点及发展阶段，制定适合不同年龄段幼儿的安全教育方案，针对日常生活中可能遇到的安全问题对幼儿进行循序渐进的安全教育，帮助他们树立自我保护意识，养成良好的行为习惯，提高自我保护能力。

（a）

（b）

▲ 图3-2-1　幼儿园安全教育

小资料

大班幼儿对潜在危险的判断能力 [①]

1. 有97.57%的大班幼儿能对图片中的潜在危险做出正确判断

---

① 贺卓慧.大班幼儿对潜在危险的认知状况及其教育策略研究——以哈尔滨市城区幼儿园为例［D］.哈尔滨：哈尔滨师范大学，2018：20—23.

表3-2-1　大班幼儿对各类潜在危险情境判断的百分比统计

类　　　别	判 断 正 确	判 断 错 误
触　电	99.6%	0.4%
烧（烫）伤	100%	0%
小型玩具伤害	94.1%	5.9%
家用物品伤害	96.1%	3.9%
用药安全	98.4%	1.6%
溺　水	99.6%	0.4%
走　失	100%	0%
游戏器械伤害	96.5%	3.5%
交通事故	99.6%	0.4%
拐　骗	100%	0%
性侵害	89.4%	10.6%
平均数	97.57%	2.43%

由表3-2-1可知，调查对象中绝大多数幼儿能意识到各类潜在危险的存在。幼儿能敏锐地察觉烧（烫）伤、走失、拐骗的潜在危险，正确率达到了100％。但对性侵害的潜在危险辨识度存在问题，幼儿认为"叔叔触摸小朋友的身体没什么不对"。

2. 有83.29％的大班幼儿能对图片中的潜在危险做出正确且具体可行的应对措施

表3-2-2　大班幼儿对各类潜在危险情境应对措施的百分比统计

类　　　别	正确具体	不完全正确	错误措施	无措施
触　电	99.6%	0%	0%	0.4%
烧（烫）伤	99.6%	0.4%	0%	0%
小型玩具伤害	79.5%	12.6%	0.8%	7.1%
家用物品伤害	87.4%	5.9%	0.8%	5.9%
用药安全	84.3%	8.7%	2.8%	4.3%
溺　水	86.2%	9.4%	1.2%	3.1%

（续表）

类　别	正确具体	不完全正确	错误措施	无措施
走　失	92.9%	5.1%	1.2%	0.8%
游戏器械伤害	89.4%	5.1%	1.2%	4.3%
交通事故	83.9%	5.5%	8.3%	2.4%
拐　骗	88.6%	7.9%	3.1%	0.4%
性侵害	24.8%	28.0%	6.7%	40.6%
平均数	83.29%	8.05%	2.36%	6.3%

由表3-2-2可知，在各类潜在危险中，幼儿能做出较好的应对措施的项目是触电、烧（烫）伤、走失，而幼儿无措施最高的一类是性侵害。

二、 幼儿安全教育的目标制定

幼儿安全教育的目标是感知生命的重要性，乐于学习安全知识，养成良好的行为习惯，减少意外伤害事故的发生，最终提高幼儿的自我保护意识和能力。《指南》对幼儿安全知识和自我保护能力的年龄段发展目标提出了具体要求及教育建议（详见第一关任务二）。幼儿安全教育活动的目标在制定过程中应遵循以下要求：

（一）从"简单预防"转向"自辨自救"

在日常的教育活动中，一些教师把幼儿安全教育的目标定位在教授预防常见意外伤害的知识与技能上，例如：吃饭时不要说话、排队上楼梯的时候不推别人、追逐游戏中避免碰撞、过马路的时候要看红绿灯等。而对于特殊危险情境（如拐骗、性侵、地震等）中的自主辨识与危境中的自救能力等方面的教学还不够重视与深入。联合国21世纪教育委员会提出了作为现代人的基本素质要求：学会生存、学会做事、学会求知、学会共处。其中"学会生存"更强调人的积极性、主动性和创造性，这就要求我们的幼儿园安全教育不仅要为幼儿提供常见的预防知识和技能，而且要培养幼儿在复杂情境中自我保护的主动意识和积极处理问题的能力。

中班安全教育活动：不怕陌生人

（1）知道不能轻信陌生人的话，不能跟陌生人走。

（2）能初步识别陌生人的哄骗行为。

（3）提高遇到危险时沉着、冷静地处理问题的能力。

分析　在此目标中，教师通过引导幼儿学习必要的安全保护和危险判断常识，来提高幼儿在陌生人情境中的自我保护意识和能力。

（二）符合幼儿的年龄特点和认知水平

在目标的制定中，一定要考虑到幼儿的年龄差异和实际情况，有针对性地设计适合幼儿发展的目标。例如：在对小班幼儿开展安全教育时，可将培养初步的危险意识，学习身体器官知识，懂得要保护自己的身体，能够听从教师的命令进行安全演习等作为主要目标；在中班开展安全教育活动时，可以要求幼儿在游戏、运动中遵守一定的安全规则，学习几种简单的自救办法，并且能进一步地掌握安全知识和技能；对于大班幼儿，我们应当提出更高的要求，使其不仅要学会必要的安全知识，懂得怎样保护自己，而且应当知道如何判断和避免危险，最终实现预防危险的目标。

中班安全教育活动：春游去

（1）知道外出春游时要紧紧跟随老师和队伍，不东张西望，不掉队，不在途中嬉戏打闹。

（2）知道自己走失后可以怎么做。

（3）在模拟情境中能够用完整的句子清楚地向"路人"或"警察"描述自己走失的情况。

分析　中班幼儿脱离成人的活动逐步增多，对外界事物的探究欲望增强，但是缺乏应对危险的经验和问题处理的技巧，容易让自己处于不利的境地，因此，外出防走失的安全教育尤为重要。从上述活动目标中可以看出，教师借助幼儿常见和喜爱的春游活动，着眼于基本的防走失教育，以及走失情境下的简单的自救方法的学习。

大班安全教育活动：火灾了怎么办

（1）知道火灾发生的信号和常见原因，能正确辨识容易引起火灾的条件。

（2）理解故事内容，学习火灾发生时基本的自救方法。

（3）能在教师的指导下完成火灾逃生演练。

分析　大班幼儿有了更多的生活经验，逻辑思维开始萌芽，除了学习必要的安全知识外，还可以尝试学习判断自己所处环境是否安全的方法，知道火灾发生的原因、信号及火灾发生时基本的自救方法，并能将所理解的这些知识付诸模拟实践。

三、　幼儿安全教育的内容选择

（一）常规的安全教育内容

常规的幼儿安全教育内容包括日常生活安全教育、活动安全教育、自然安全教育和社会安全教育。

（1）日常生活安全教育包括：防火、防电、防煤气、防溺水、防异物窒息、防踩踏等

▲ 图3-2-2　交通安全教育

▲ 图3-2-3　运动器械安全教育

▲ 图3-2-4　消防安全教育

▲ 图3-2-5　防拐安全教育

意外事故的预防，以及食品药品安全、交通安全等内容。

（2）活动安全教育包括：游戏安全、玩具安全、运动器械安全等。

（3）自然安全教育包括：消防安全、地震逃生、防雷电及防其他极端天气等。

（4）社会安全教育包括：防拐骗、防性侵（性教育相关内容将在本关任务四介绍）等。

（二）伴随科学技术发展而出现的安全教育新内容

随着人们生活水平的提高，越来越多的幼儿体验到科学技术发展为生活带来的便利，但同时也遭遇到了新型安全事故发生的风险。

（1）新型设备安全教育。比如孩子去地铁站、航站楼时，会对安检机十分好奇，趁着家长不注意，有的孩子钻进了安检机，有的孩子把手、脚、胳膊放到了安检机的传送带上，导致身体被卡受伤。又如现代家庭和社区都有一些健身器材，这些健身器材也可能变成幼儿伤亡事故的重大元凶，有孩子在使用健身器材时被压断手指，被卡住腿、卡住脑袋，甚至有致残致死的情况发生。

（2）网络安全教育。如iPad、手机等电子产品的频繁使用会使幼儿的身体发育面临危险，不仅仅涉及视力、脊椎，而且会危及脑神经的发育。此外，幼儿在无成人监管的情况下使用互联网可能会遭遇网络暴力、色情陷阱等安全事故。

网络安全教育的具体内容有：让幼儿知道只有在教师或父母陪伴时才能使用互联网；示范并强调安全使用规范，比如可以设置密码来保护自己的账号安全等；不接受陌生人的好友请求，不和陌生人聊天，不在网络上发布诸如手机号码、真实姓名、家庭地址、私人照片等包含隐私的信息等。

微课讲解
使用电子产品的健康原则

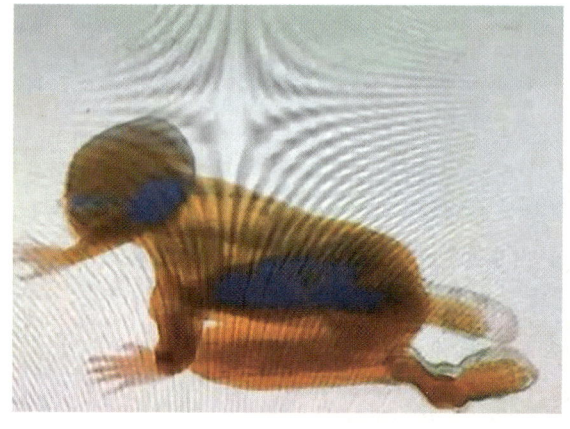

▲ 图3-2-6　爬入安检机的幼儿

▲ 图3-2-7　低龄幼儿使用电子产品和互联网

为避免这些层出不穷的新型安全事故，家长和教师要在做好预防教育的同时，不断更新和升级各自的安全教育资源库。

四、 幼儿安全教育活动的设计与组织

（一）幼儿安全教育活动的设计

1. 安全教育内容具体化

安全教育的范围很广，而幼儿的能力有限，要在短时间内掌握所有的内容比较困难。因此，教师可以根据幼儿的年龄特点和生活需要，把安全教育的内容具体化。比如，结合主题教育，使幼儿了解遇到火灾、地震、海啸等灾害时的一些自我保护的方法；结合游戏活动，让幼儿了解一些特殊的电话号码（如110、119、120等）；结合设计的情境表演，让幼儿明白不能随便跟陌生人走，不随便吃陌生人的东西，遇到危险或困难时会寻求帮助。

▲ 图3-2-8　安全教育内容具体化

小资料

儿童自护自救的十种方法 [1]

1. 相信直觉

在紧要关头，应该相信直觉。教师或家长应让孩子留意在日常生活中让他们感觉不安的人或事，并倾听他们的诉说，鼓励他们讲出这些不安的感觉，这样能培养孩子的安全直觉。

2. 学会识别诱惑

平时，应告诉孩子，对于陌生人问路或请求协助之类的事应保持警惕，这是犯罪分子诱拐儿童的两种普遍策略。比如：有的罪犯装作认识你，能叫出你的名字（其实他可能是看到了绣在你衣服上的名字或跟踪你时听到有人这么称呼）；有的罪犯自称是消防人员，编造你家房子着火的紧急情况等。教师或家长应告诉孩子：任何人甚至是警察和消防员，在未得到孩子监护人允许的情况下，都不能将他带走。

3. 不要只关注陌生人

教师或家长常会这样叮嘱孩子："不要跟陌生人说话。"什么是陌生人？孩子并不

① 晓惠．儿童自护自救的十种方法［J］．父母必读，2000，12：14．

一定真正懂得，若让孩子画出陌生人的面孔，一般他都会画出一副可怕的面孔。其实，那些想侵犯孩子的人一般都会装出一副和蔼可亲的面孔。

4. 要学会大声呼叫

孩子身单力薄，他是打不败侵犯者的，因此不用教一个小孩子如何用拳脚打败侵犯者，但是孩子却能做许多吸引周围人注意力的事情。比如大声呼喊："救命！他不是我的爸爸！"

5. 要勇敢地说"不"

每位父母都想培养一个有教养的孩子，但也应让孩子知道，什么时候可以打破常规。比如，有人威逼孩子做无礼或危险的事时，要勇于说"不"。

6. 让孩子尽情倾诉

在日常生活中，教师或家长要经常同孩子进行交流。如果孩子对某人有所不满，不要简单地说"不许说某人坏话"，而要和孩子一起分析，这样孩子才能畅所欲言。一旦他遇到不惬意的事，或有可疑的人骚扰了他，孩子便能够向他所信赖的人尽情地倾诉。

7. 明确不可触摸的地方

孩子到了四五岁，家长就应向孩子说明内衣遮盖的部位是个人隐私区，任何人都无权接触。

8. 能帮你的人很多

遇到麻烦找警察是最基本的常识，但仅此还不够。假如警察不在附近，有的孩子就不会求助于任何人了。教师或家长还应让孩子知道，公园、商场、电影院等地方的工作人员都可以求助。

9. 保守家庭及个人的秘密

教师或家长应告诉孩子要注意保守家庭及个人的一些秘密，不要轻易泄露个人信息。

10. 在游戏、演练中增强自护自救本领

仅在口头上向孩子讲述一些自护自救的方法是远远不够的，因为缺乏情境或实践的讲述很容易被遗忘。通过角色游戏或演练等方式更容易使孩子逐渐掌握要领。在幼儿游戏中，教师可设计多种可能发生的情境，向孩子提出问题，测试他们的反应能力。

2. 安全教育内容形象化

幼儿依赖于具体形象思维，而传统的安全教育都是渗透在日常生活中的，没有设置专门的课程，这使得幼儿对安全知识的掌握不够。为了使安全教育取得更好的教育效果，教

▲ 图3-2-9 安全教育内容形象化

师要把安全教育的内容形象化，通过主题活动加强幼儿对安全知识的记忆。

比如，利用"119在行动""生活安全儿歌"等视频资源，有计划、有目的地组织幼儿观看、讨论，让幼儿亲眼看到不注意安全将会带来的危险后果，使幼儿感知安全的重要性。又如，根据不同年龄段幼儿的特点提供不同的操作机会，让幼儿在观察与模仿中自然地掌握安全常识和简单的自救自护方法，提高安全意识。

微课讲解
安全教育游戏

3. 安全教育方法游戏化

将安全知识的教育转化为安全行为才是教育的根本，才是有现实意义的。游戏是幼儿最喜欢的活动，为了让幼儿愉快地接受一些安全知识，掌握一些安全技能，教师要充分发挥游戏的教育作用，设计、编排一些主题游戏活动，让幼儿在玩中学、学中玩，从而不断增强幼儿的安全意识，巩固幼儿的安全知识。

▲ 图3-2-10 安全教育方法游戏化

比如，小班安全教育活动"遇到坏人时怎么办"，教师以游戏"狼和小羊"为切入点，让幼儿练习求救、自救的方法；通过游戏"着火了"，让幼儿练习火灾时逃生的方法——孩子们一个个像模像样地捂着口鼻，紧张地跑出教室，并在限定的时间内成功到达集合点，他们非常高兴。

4. 加强环境与幼儿之间的互动

为了使幼儿积极地参与到安全主题活动中，教师可以请幼儿及其父母一起收集各种安全标识图，并让幼儿动手制作这些安全标识，如进行涂色、设计。然后，教师可以和幼儿一起用收集到的、制作的标识布置教室，将安全标识图贴到相应的地方，提醒大家注意和小心。比如，在门边贴"当心手"的标识，在栏杆、窗户旁贴"禁止攀爬"的标识，在电源插头处贴

▲ 图3-2-11 制作安全标识

"禁止触摸"或"当心有电"的标识等。通过加强环境与幼儿之间的互动，能有效提高幼儿学习安全知识、技能的效率。

5. 家、园、社区合作教育

幼儿的安全教育如果单靠幼儿园、家庭或社区是远远不够的，而是需要这三方的共同教育，这样幼儿的安全教育方能更为有效。家庭可以为幼儿园教育提供全面、准确的幼儿发展状况和存在问题的相关信息，帮助幼儿园制定合理、有针对性的幼儿安全教育课程。同时，幼儿园、社区可以为家庭指点迷津，提升家庭安全教育的科学性、方向性，避免因为家长和幼儿园对幼儿安全教育的分歧而导致幼儿安全知识和技能的缺失、错乱。

小资料

5岁女童被拐后机智脱险 ①

一名5岁女童在上学途中，被一名有暴力倾向的、疑似间歇性精神病患者强行带上高速公路。在危险的境况下，小女孩临危不乱，机智勇敢地和强拐人周旋，抓住机会主动向警察求救，最终毫发无损地回到了父母身边。整个脱险过程惊心动魄，堪称儿童"防拐教材"。

这名5岁小女孩之所以能这么机智冷静，知道这么多自救知识，是因为小女孩的爷爷在孙女儿刚刚学会说话时，就试着将全家人的姓名、电话编成儿歌，让其牢记在心。在小女孩4岁时，就能将自己就读学校的校名、校址、老师的电话背下来，爷爷还教其在遇到"坏人"时不要慌，"坏人"带着她经过人多的地方时，一定要喊救命。女童所在的幼儿园、社区也开展过类似的教育。

所以，机智勇敢不是一蹴而就的，需要家、园、社区合作，从孩子平时的教育抓起。如果孩子受过良好的防拐教育，自然就不会轻易被坏人拐走了。

（二）幼儿安全教育活动的组织

1. 集体教育活动

集体教育活动是目前幼儿园安全教育的主要形式。这种组织形式由全班幼儿共同参与，教师可以在短时间内向他们提供大量的共同经验。集体教育活动的内容具有逻辑性、条理性，幼儿能在活动中相互启发、发展自律，提高安全教育的效果。

---

① 佚名.五岁女童被拐后机智脱险，只因为跟路过警察说了一句话［N］.福州晚报，2016-10-09.

小示例

大班安全教育活动：地震来了怎么办

地震会带来严重的灾难和伤害，幼儿园的小朋友有必要从小学习一些地震时保护自己的知识。本次活动的主要目标是：初步了解地震产生的原因和地震前的征兆；学习防震、避震的经验和方法，懂得基本的防震、避震知识；通过演练增强幼儿的自我防护意识。

在活动中，教师首先播放青海玉树7.1级地震的电视新闻录像，让幼儿了解地震的特征及可能造成的危害。然后通过模拟小实验（将一台按摩振动器放置在用积木搭成的建筑物下面，调节不同的振动等级，让幼儿观察振动器振动的强弱会使建筑物出现不同程度的摇晃现象），让幼儿感知到：如果地震的强度小，对自然界不会造成危害，有时连人也感觉不到；如果地震的强度大，会对建筑物造成毁灭性的破坏。接着，教师进行了地震知识的介绍：为什么会发生地震？地震可以预报吗？如何抗震和紧急避险？最后，教师组织幼儿现场模拟演练，针对幼儿躲避的方法进行总结，表扬反应迅速、躲避防护方法得当的幼儿。

▲ 图3-2-12　避震演练

2. 游戏活动

在实施安全教育的过程中，通过游戏化的教学能让幼儿在自主观察、游戏探索中主动获得安全的基本知识和技能。同时，教师应在各项游戏活动开始前和幼儿一起分析容易出现的危险情况，并共同讨论应该怎样玩才不会出现危险，制定出相应的安全游戏规则并提醒幼儿自觉遵守。幼儿园安全教育常用的游戏活动有以下几种：

（1）角色游戏。当在角色游戏中融入安全教育时，不会让孩子们感受到任何压力，从而达到潜移默化获取知识的效果。对于平时顽皮的孩子，通过角色游戏能使他主动、积极地学习安全知识，比被动地接受知识效果更好。

角色游戏：娃娃家

玲玲和欢欢在玩娃娃家的游戏，"妈妈"玲玲每次出门时，都会叮嘱"女儿"欢欢："陌生人来了不要开门。"欢欢上幼儿园时，玲玲也会叮嘱欢欢："回家时要等爸爸妈妈来接，决不能跟陌生人走，不要吃陌生人给的糖果，不要喝陌生人给的饮料。"

（2）体育游戏。体育游戏不仅能让幼儿感到快乐、体验成功，而且能让幼儿增强自信心。比如，在"我有办法"的体育游戏中，教师精心设计了一些"险情"，让幼儿自己想办法逃生。通过游戏，幼儿从中模仿、学习正确的姿势和安全逃生的办法，从而增强了自我保护的意识。

（3）表演游戏。表演游戏的情节将直接指导幼儿的学习生活，幼儿可以通过表演游戏来学习安全知识。比如，小班幼儿通过表演"迷路的小花鸭"，增强了自我保护意识。又如，大班幼儿通过表演"马路上的比赛"，丰富了交通安全方面的知识。教师可通过准备材料和提供环境来支持幼儿进行表演游戏，从而调动幼儿参与活动的积极性，鼓励他们进行探索。幼儿可以根据情节大胆表现，在表演中体验自护、自救的方法。在以后的实际生活中，幼儿可以学以致用，达到事半功倍的效果。

（4）结构游戏。教师可以在结构游戏中设置一些交通安全情境，这是幼儿直观地获得交通安全知识的有效办法。比如，中班开展的结构游戏"红绿灯""开汽车""交通警察"等，教师可在幼儿搭建马路、汽车道、人行道、人行横道线、红绿灯标志的过程中，根据实际情况顺势地对其进行安全教育。

3. 日常生活活动

安全教育作为幼儿园长期的教育内容，仅仅依靠专项活动是不够的，它需要与日常生

▲ 图3-2-13　喝水安全

▲ 图3-2-14　上下楼梯安全

活有机地结合和渗透。例如：每天喝水时，请幼儿先试一试水是否太烫；开门、关门时，要先看看手是否放在了门框上；吃饭时，不嬉笑打闹、不玩筷子；上下楼梯时，要扶着栏杆有序地走。通过在日常生活中渗透安全知识，不仅可以避免一些意外伤害与不幸的发生，而且可以提高幼儿的安全意识，为幼儿安全行为能力的发展奠定了基础。

 活力加油站

小班安全教育活动：会说"不"

基 本 信 息			
活动名称	会说"不"	**活动班级**	小一班
执教老师	王老师	**主要领域**	健康、社会

活动设计背景

　　小班幼儿年龄小，自我保护意识和能力欠佳，且缺乏是非判断能力，在面对陌生的叔叔或者阿姨的诱惑时会很轻易地跟他们走。为此，教师设计了这一活动，让幼儿在情境体验中学习如何在陌生人面前保护自己。

活 动 目 标

（1）知道外出时不离开成人，不接受陌生人的东西，不跟陌生人走。
（2）学会向陌生人勇敢大声地说"不"。
（3）尝试体验危险的陌生人情境，提高自我保护意识。

活动重点、难点

重点	知道外出时不离开成人，不接受陌生人的东西，不跟陌生人走。
难点	学会向陌生人勇敢大声地说"不"。

活 动 准 备

（1）物质准备：大灰狼和小猪头饰、糖果、游戏机。
（2）经验准备：幼儿已和父母一起阅读过有关陌生人的新闻事件。

活 动 过 程

活动环节	教师活动	幼儿活动	设计意图
一、故事引入	1. 导入：今天，老师给大家讲一个故事。 2. 教师提问：大灰狼说了什么？小猪是怎么做的？如果你是小猪，你会怎么做？ 3. 教师总结：外出的时候，不要跟陌生人走。	幼儿听故事回答问题。	通过讲故事和提问的方式，帮助幼儿理解故事内容，让幼儿知道跟陌生人走可能会遇到危险。

（续表）

活 动 过 程			
活 动 环 节	教 师 活 动	幼 儿 活 动	设 计 意 图
二、模拟练习	1. 讨论什么是陌生人。 2. 幼儿学习在面对陌生人（外班助教）时能大声、勇敢地说"不"。 3. 场景练习："陌生人"手里拿着棒棒糖，引诱幼儿。 4. 教师小结：不要接受陌生人的东西。	1. 幼儿学习识别陌生人。 2. 幼儿学习大声勇敢地说"不"，拒绝陌生人的要求。	设置模拟场景，并采用角色扮演的方法来考验幼儿能否真正拒绝陌生人的诱惑。在演练中提高幼儿的安全意识。
三、回顾总结	教师总结：要坚信陌生人不会带自己回家找妈妈。父母和老师才是安全可靠的人。遇到陌生人一定要勇敢大声地说"不"。	1. 幼儿回忆自己在活动中的表现。 2. 幼儿自由发言总结。	在回忆和总结中加深对所学内容的印象。
活动延伸	家园合作：父母经常和幼儿做"陌生人"场景练习。		

小思考

　　父母带孩子散步时遇到熟人，孩子被要求给熟人抱抱，孩子表现出不乐意，连说"不，不嘛"，妈妈却在旁边说："没事，这是妈妈的同事，你怕啥呀，让妈妈的同事抱抱、亲亲你，没有关系的。你这孩子怎么这么不乖啊！"

　　如果你是这位幼儿的班主任，你会给予这位母亲怎样的安全教育建议呢？

任务超市

以下为自选任务，请同学们根据自己的学习情况进行选择性操作练习。

1. 学习案例"会说'不'"，设计一个以"防拐"为主题的安全教育活动方案，年龄段不限。

2. 搜集并罗列现今幼儿面临的各种不安全环境因素，设计"安全在我心中"的主题教学方案，绘制主题网络图。

3. 针对现在越来越多的父母依赖电子产品进行幼儿家庭教育的情况，设计一次开放式安全教育活动方案（幼儿、父母一起参与），年龄段、主题任选。

组织幼儿饮食与营养教育活动

案例导入

　　午餐时间到了，主班老师和保育员在分发完饭菜后，开始观察幼儿的进餐情况。只见萱萱把一大块鱼拨到碗外，她对老师说："鱼有刺，我自己不会吃。"斌斌对着饭碗一动不动，主班老师问："斌斌，你为什么不吃饭？"斌斌指着饭碗中的蒜苗说："这个菜我们家从来都不吃的，我妈妈说她只要一吃就过敏。"旁边的乐乐说："我爸爸带我在饭店里吃过，臭臭的，一点也不好吃。"

　　分析： 以上案例反映出的是幼儿挑食、偏食的现象，主要表现为拒吃某种食物，挑吃自己喜欢的食物，不愿尝试新的食物，对食物缺乏兴趣等。挑食、偏食是幼儿保健中的常见饮食行为问题，也是喂养困难、营养缺乏的主要原因之一，会对幼儿的身心健康造成一定影响。随着生活水平的不断提高，幼儿挑食、偏食的比例也在不断上升，这一方面与幼儿挑剔的口味有关，另一方面也受家庭饮食习惯、喂养方式、个人饮食特殊经历等因素的影响。

任务描述

1. 列举饮食与营养教育的基本内容。
2. 概述幼儿饮食与营养教育的目标制定与内容选择的要求。
3. 能根据所学知识较为合理地设计与组织幼儿饮食与营养教育活动。
4. 在活动设计中边反思边实践，培养问题解决的主动性、创新性。

知识储备

一、 幼儿饮食与营养教育的概念及意义

（一）幼儿饮食与营养教育的概念

幼儿饮食与营养教育是指幼儿园教育工作者帮助幼儿掌握基本的饮食与营养知识，形

成正确的饮食与营养态度，进而养成健康的饮食与营养行为的有计划、有组织、系统开展的幼儿园教育活动。

（二）幼儿饮食与营养教育的意义

饮食与营养教育是幼儿教育的重要组成部分，对幼儿的发展具有重要意义。

1. 能促进幼儿的身体健康发育水平

幼儿处于生长发育的最关键时期，所需营养成分和标准比成人高。如果缺乏合理的营养，没有良好的饮食行为习惯，其健康水平就会下降，甚至生病。因此，应对幼儿进行饮食与营养教育，使幼儿了解各种食物的营养成分，提高进食兴趣，养成良好的饮食习惯，合理进餐，均衡营养，从而保证和增进身体的健康发育。

2. 能促进幼儿的语言发展

在饮食与营养教育活动中，幼儿在认识食物的同时，还能学说各种食物的正确名称，掌握一些基本的量词。在活动中，幼儿互相交流生活经验，语言能力在不知不觉中得到了锻炼和提高。

3. 能促进幼儿的认知发展

在饮食与营养教育活动中，幼儿通过视觉、触觉、味觉和嗅觉等手段感知食物的不同特征，学会给食物分类、排序；通过尝试制作食物，掌握了简单的烹调知识。这些活动丰富了幼儿的思维，激发了他们主动探索、发现生活奥秘的愿望，提高了他们解决问题的能力，使他们的认知得以发展。

4. 能促进幼儿良好个性的形成

美国学者布朗研究了"食谱与性格形成"的问题，他认为：一个人在幼年接受的食物类别越多，其成年后性格的包容度就越大，蔬菜鲜脆、清苦的诸多滋味，与幼儿形成很强的环境适应能力有着密切的关联，拒绝蔬菜的幼儿常常有拒绝周围儿童的倾向[1]。因此，成人应通过饮食与营养教育，激发幼儿愿意尝试不同类别食物的好奇心。

小资料

中国学龄前儿童平衡膳食宝塔

平衡膳食宝塔是中国营养学会根据中国学龄前儿童的饮食结构特点设计的。平衡膳食宝塔共分五层，越往上需要量越小。第一层是谷薯类，是膳食能量的主要来源；第二层是蔬菜和水果，富含膳食纤维、多种维生素和矿物质；第三层是鱼、禽、肉、

---

[1] 顾荣芳.学前儿童健康教育论［M］.南京：江苏教育出版社，2009：178.

蛋，主要提供优质蛋白质和矿物质；第四层是奶类、大豆类食物和坚果；第五层是烹调油和食盐；宝塔之下是水，水是生命之源，需要量最多。

		2—3岁	4—5岁
	盐	<2克	<3克
	油	10—20克	20—25克
	奶类	350—500克	350—500克
	大豆 适当加工	5—15克	10—20克
	坚果 适当加工	—	适量
	肉蛋禽鱼类		
	鸡蛋	50克	50克
	肉禽鱼	50—75克	50—75克
	蔬菜类	100—200克	150—300克
	水果类	100—200克	150—250克
	谷类	75—125克	100—150克
	薯类	适量	适量
	水	600—700毫升	700—800毫升

左侧图标文字：
- 亲近与爱惜食物
- 合理烹调
- 培养良好的饮食习惯
- 每日饮奶
- 奶类、水果做加餐
- 饮洁净水，少喝含糖饮料
- 充足的户外运动
- 定期测量体重和身高

▲ 图3-3-1　中国学龄前儿童平衡膳食宝塔

二、幼儿饮食与营养教育的目标制定

幼儿园饮食与营养教育的年龄段发展目标详见第一关任务二。饮食与营养教育的活动目标一般由获得饮食与营养基础知识、改善饮食与营养态度和养成良好的饮食行为习惯三部分构成，核心目标是健康饮食行为的确立和保持。

（一）获得饮食与营养基础知识

饮食与营养知识是饮食与营养态度和行为习惯养成的基础。幼儿需要懂得一些有关营养的基本知识，包括：食物与营养素、平衡膳食、科学饮食观、清洁卫生饮食、饮食文明礼仪等。

微课讲解
健康饮食

（二）改善饮食与营养态度

教师要帮助幼儿改善已有的不正确的饮食态度，使其建立起健康的饮食态度。健康的饮食态度包括饮食结构平衡、饮食方式合理等方面。教师要在尊重幼儿个体差异的基础上，通过同伴和教师的榜样力量帮助其建立健康的饮食态度。

（三）养成良好的饮食行为习惯

幼儿饮食与营养教育的关键就在于促进幼儿形成健康的饮食行为习惯，改善幼儿的营养状况，预防各种营养性疾病的发生。饮食行为习惯是在儿童早期形成的可以贯穿人一生的重要习惯。良好的习惯对于预防疾病、保障健康非常重要；而不良的饮食习惯对幼儿的生长发育和全面摄取营养都会产生不利影响，是影响幼儿营养状况的根本原因。

总之，在幼儿园饮食与营养教育中，知识的掌握是基础，态度的形成是动力，行为习惯的养成是关键。

小示例

> ### 大班健康教育活动：我爱绿色食品
>
> 活动目标：
>
> （1）了解绿色食品的标识和一些常见的有营养的绿色食品。（认知目标，帮助幼儿获得绿色食品的基本常识）
>
> （2）通过抢答游戏，区分常见的绿色食品与垃圾食品。（能力目标，通过游戏建立辨别绿色食品的能力）
>
> （3）喜欢吃绿色食品，自觉远离垃圾食品。（情感态度目标，帮助幼儿养成从小喜欢吃绿色食品的健康的饮食态度）

三、 幼儿饮食与营养教育的内容选择

（一）幼儿饮食与营养教育的具体内容

1. 认识食物的名称、形状、色彩、性质

教师可以在幼儿接触食物的过程中，让他们知道食物的正确名称，观察食物的形状，品尝各种味道，欣赏食物的天然色彩及食物经过加工调配后的美丽颜色。

小资料

食物色彩与营养 ①

天然食物的功效和营养价值与其颜色有关。在日常生活中，各色食物搭配食用，

---

① 佚名. 食物色彩决定营养［EB/OL］.（2016-06-11）［2021-01-15］.https：//www.sohu.com/a/82402191_336212.

不仅是个美的享受，而且营养均衡，能使人身体健康。教师可以利用食物鲜艳的颜色，吸引幼儿的注意，引起孩子品尝的兴趣。

红色系的果蔬在外表上非常有吸引力，它们含有许多对心脏有益的营养素。此外，红色果蔬含有大量的抗氧化剂，能修复自由基对人体造成的损害；同时，其富含的可溶性膳食纤维有助于降低低密度脂蛋白的含量。红色食物的代表有：石榴、红苹果、红洋葱、小萝卜、番茄。

橙色系的果蔬既包括纤弱易损的杏，也包括强壮坚固的笋瓜。虽然它们的坚硬程度不同，但它们都拥有一个共同特征，就是含有β-胡萝卜素。β-胡萝卜素在人体内能转化为维生素A，是皮肤和眼睛细胞生长所必需的营养元素。橙色食物的代表有：南瓜、黄甜椒、红薯、橙子、胡萝卜。

黄色系果蔬的共性是富含抗氧化剂，能抵御慢性疾病（包括癌症和心脏病）。黄色的食物代表有：杨桃、柠檬和无花果。

绿色系果蔬大多具有减肥的功效，热量较低，适合大量食用；它们含有的抗氧化剂具有延长寿命的功效。绿色食物的代表有：花椰菜、菠菜、芦笋。

蓝色和紫色系的果蔬提供了大量的花青素，能抵御炎症，降低人们患心脏病和癌症的风险。蓝紫色食物的代表有：紫甘蓝、蓝莓、黑莓、茄子、葡萄。

黑色和褐色系果蔬含有大量的膳食纤维和抗氧化剂，能降低人们患糖尿病和心脏病的风险。黑褐色食物的代表有：蘑菇、橄榄、黑米、黑豆。

▲ 图3-3-2 食物的色彩

2. 知道营养素与人体健康的关系

教师要让幼儿了解人体需要的基本营养素，以及这些营养素可以从哪些食物中获得，各种营养素与人体健康的关系等内容，从而帮助幼儿形成不偏食、不挑食的饮食习惯，保持身体的健康。

3. 建立良好的饮食行为习惯

教师要让幼儿了解不良的饮食习惯对人体健康的危害，通过反复提醒、练习，帮助他们建立良好的饮食习惯。过敏幼儿要知道哪些食物会使自己有过敏反应，会自觉远离令自己过敏的食物，并能明确告知教师自己的过敏情况，以便教师做好登记。

4. 掌握饮食的基本方法和技能

教师要让幼儿在饮食的过程中掌握基本的方法和技能，比如：正确使用餐具、正确食用不同类型的食物、吃完食物后能做好自我服务并进行简单的垃圾分类等。

▲ 图3-3-3　会使用筷子

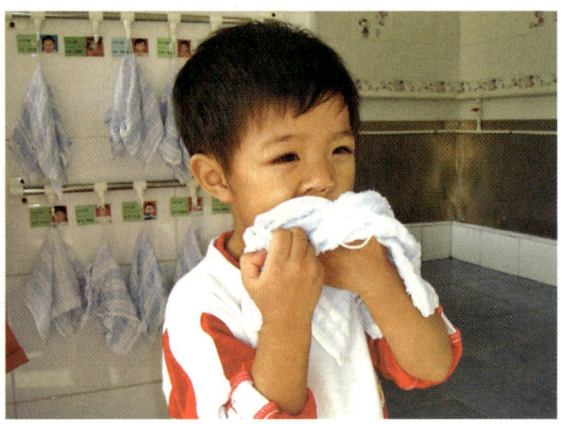

▲ 图3-3-4　饭后擦嘴

5. 了解国内外的饮食文化

教师要让幼儿通过国内外的餐饮节目，了解各国、各地区的传统美食，扩大他们的视野，了解多元的饮食文化。此外，还可结合本地的地方特色，了解本地的饮食文化，培养幼儿对自己所在地区饮食文化的热爱之情。

6. 懂得并养成文明的餐饮礼仪

应让幼儿从小懂得中国的餐饮礼仪，学习一些基本的进餐礼貌用语和进餐礼仪规范。

小示例

幼儿进餐礼仪口诀

进餐前，洗净手；
打喷嚏，遮住口；
轻轻嚼，慢慢咽；
不挑食，不剩饭。

▲ 图3-3-5　幼儿学习进餐礼仪

7. 知道简单处理和烹调食物的方法

通过实地观摩、动手操作、讨论，让幼儿了解食物的来源，以及加工制作、保存的方法，从而丰富幼儿的生活经验。

▲ 图3-3-6　包饺子

▲ 图3-3-7　腌腊肉

（二）幼儿饮食与营养教育内容的选择原则

1. 根据幼儿年龄特点选择活动

在选择饮食与营养的教育内容时，应根据幼儿的年龄特点，开展适合幼儿身心发展的、丰富多彩的主题活动。

小班幼儿通常都喜爱五颜六色的水果，所以可以开展"酸酸甜甜的水果"这种既形象又与幼儿生活密切相关的主题活动。在活动中，教师可以引导幼儿利用感官认识各种水果的名称和外形特征，品尝水果酸酸甜甜的味道，知道多吃水果对身体健康的重要性，培养幼儿喜欢吃各种水果的良好习惯。

▲ 图3-3-8　酸酸甜甜的水果

中班幼儿已具有一定的探究欲望，可以开展"黄豆的一家"这种主题活动，引导幼儿认识黄豆及各种各样的豆制品，知道其对人体健康的好处。在主题活动开展的过程中，可以引导幼儿与家长共同收集各种豆类和豆制品，从多方面了解豆类食品所含的营养素，知道多吃豆制品对身体有哪些好处。同时，还可引导幼儿观看豆浆的制作过程，通过发现黄豆加工后的变化来引起幼儿的探究兴趣，引导幼儿喜欢吃豆制品。此外，还可引导幼儿种植豆类，通过观察、记录其生长的变化，让幼儿在种植、照顾植物的过程中

▲ 图3-3-9 黄豆的一家

培养责任心。

大班幼儿已具有丰富的生活经验，求知欲日益增长，可以开展"奇特的餐具"这样集知识性、趣味性为一体的健康活动，引导幼儿认识我国及其他国家餐具的异同，学会正确使用各类餐具。同时了解筷子的由来、使用过程中的禁忌及亚洲各国筷子制作材料的异同。这样的活动既能丰富幼儿的眼界，又可以引导幼儿进一步懂得如何正确地使用餐具。

2. 选择幼儿能够参与操作的活动

在选择饮食与营养的教育内容时，应尽量安排一些幼儿可以参与操作的内容。因为这样的活动可以促进幼儿的自主学习，在"做"中学习知识、培养习惯。

小示例

中班健康教育活动：蔬菜王国

在活动中，可以选择"蔬菜拼盘""采摘黄瓜和豇豆""辨认豇豆、四季豆和刀豆"等能让幼儿自己操作的活动。幼儿在通过动手操作增长知识的同时，还能感受活动的快乐。

大班健康教育活动：饮食文化

在活动中，可以设计"好吃的西餐"这样一个情境性的环节，即把教室布置成西餐厅，让幼儿穿上正式的服装，并请两名老师客串服务员。幼儿通过身临其境的方式，学会了正确使用刀叉的方法，了解了餐具摆放所包含的意义并学习了西餐的基本礼仪。

▲ 图3-3-10 蔬菜王国　　　　▲ 图3-3-11 饮食文化

四、 幼儿饮食与营养教育活动的设计与组织

（一）组织有针对性的饮食与营养专题教育活动

教师根据教育目标，有计划、有组织地开展饮食与营养专题教育活动，是幼儿饮食与营养教育的重要途径之一。

中班饮食与营养教育活动：三只小熊

这次活动的主要目标是：知道人体生长发育需要从各种食物中汲取不同的营养，认识到偏食、多食的不良后果；培养不挑食、注重营养搭配的良好饮食习惯。活动准备为：包含故事图片的PPT一份、各种食物的贴纸和快餐盘，以及若干笑脸贴纸。

在活动过程中，教师首先出示三只小熊的图片，讲述故事，并请幼儿思考：这三只小熊有什么地方不一样？引导幼儿发现不挑食、不偏食，荤菜蔬菜样样吃，体型不胖不瘦更漂亮等内容。接着出示图B——小白熊和小黄熊的计划，结合图片讲述小棕熊介绍营养膳食宝塔的故事，并用儿歌小结：粮食蔬菜和水果，每天要吃不能少；鸡肉鱼虾和豆奶，不多不少要正好；巧克力糖果和肥肉，每天少吃要记牢。然后，组织幼儿开展制作食谱的游戏：帮助小白熊、小黄熊制定一个健康的食谱。最后，选取几份比较典型的食谱，引导幼儿讨论这些食谱设计得是否合理，是否利于健康，给设计合理的健康食谱贴上笑脸。

（二）开展传统文化节日的美食制作活动

在中国，传统节日庆典活动都离不开美食。鼓励幼儿参与传统文化节日的饮食制作活动，不但可以培养其动手能力、协作能力，增进幼儿对传统文化的认同感，还可以了解各地的特色美食及其营养，提高幼儿探索各种食物的兴趣。小班幼儿已经可以做类似洗米、做剂子等简单工作；中班幼儿已经可以协助拌馅儿、包饺子；大班幼儿可以全程协助制作庆典中的各种食物。

（三）构建丰富多彩的区角活动

区角活动是一种需要幼儿直接参与、亲身体验的活动形式。体验式的饮食与营养教育具有直观性，能丰富幼儿对营养的感性认识，提高幼儿对健康饮食习惯的认同感。

"好吃的食物"区角活动

1. 娃娃家：吃火锅

材料：火锅、各种材质的筷子、菜等。

玩法：练习使用筷子夹食物。

观察重点：幼儿使用筷子的情况，能否说出菜名。

2. 阅读角：拉拉书

材料：各种水果和蔬菜造型的拉拉书、水果和蔬菜的图片或贴纸、剪刀、糨糊等。

玩法：用剪刀剪下自己喜欢吃的水果和蔬菜的图片并粘贴到拉拉书上；介绍一下拉拉书上的蔬菜和水果。

观察重点：幼儿能否分类粘贴并进行讲述。

3. 美工区：蔬果T台秀

材料：各种水果、蔬菜、扭扭棒、牙签、橡皮泥等。

玩法：尝试用各种材料制作或打扮蔬果娃娃。

观察重点：幼儿是否能利用各种材料进行装饰。

▲ 图3-3-12　吃火锅

▲ 图3-3-13　拉拉书

▲ 图3-3-14　蔬果T台秀

（四）合理利用生活中的隐性教育

教师可以让胃口不好的幼儿与胃口特别好的幼儿一起就餐，通过个体心态与群体平衡，自然而然地帮助幼儿获得健康饮食行为的自主构建。在进餐时，教师还可以通过装点餐桌、播放轻音乐等方式营造轻松的心理氛围，偶尔对食物的色香味进行简单的点评，在潜移默化中积极影响幼儿的饮食行为。同时，媒体是营养干预不可忽视的隐性力量，教师可以通过互联网媒体，筛选适合幼儿的饮食营养类节目或渗透健康生活的动画片，引导幼儿逐步建立健康的饮食行为。

（五）同步改革家庭饮食与营养教育

调查发现，90%以上的家长同意不应该买太多零食给幼儿吃，但实际上很多家长仍会给幼儿买零食；97%的家长赞同并重视幼儿饮食问题，但半数以上的家长认为，在解决幼儿的挑食、偏食问题上没有好办法；62.2%的小班家长存在边让幼儿玩边喂饭的行为，而大班、中班家长也分别有52.6%和50.5%有这样的行为。在进餐过程中，幼儿园统一管理，定时定量定座位，幼儿大多能在规定的时间内独立完成进餐和自我服务工作；而到了家里，成人包办代替，或讨好或强迫地追着喂饭，幼儿花样百出。因此，同步改革家庭饮食与营养教育的理念和做法至关重要。

（1）可以通过培训讲座的方式，普及健康饮食知识，宣传正确的进食引导方式，引导家长充分发挥榜样示范作用。培训结束后，要设计家庭亲子活动，让父母和幼儿在家中强化所学信息，并做好行为实施记录。

（2）可以通过发放书面资料的形式提高家长的饮食与营养教育水平。书面资料内容包括：健康食谱、饮食周计划模板、健康指南等，并通过电话、微信群等形式获得学习反馈。

（3）邀请家长一起参与开放式专题活动，在家长参与的过程中，向家长和幼儿一起普及健康饮食知识，更新家长的饮食与营养知识。

通过家园合力，同步为幼儿提供合理的膳食计划与榜样示范，鼓励健康的饮食行为方式，从而更有效地帮助幼儿建立科学的饮食规则，促进幼儿养成良好的饮食习惯。

小资料

如何解决吃饭难

幼儿期是孩子生长发育的关键期，平衡的膳食、合理的营养是保证幼儿健康成长的重要基础。当前，幼儿挑食、偏食、厌食等问题着实难坏了许多家长和教师。想要解决这个问题，不妨从以下几

微课讲解

宝宝爱吃饭

个方面入手。

1. 满足幼儿对食物的好奇心

对未知的食物，幼儿往往有一种陌生感和畏惧感。进餐前，幼儿经常急于想知道吃的是什么，家长和教师如果能及时满足幼儿的这种好奇心，则有利于缓解幼儿进餐时的紧张情绪，提升进餐兴趣。在平时，家长和教师要注意丰富幼儿的生活经验，给幼儿提供接触多种食物的机会，增加幼儿对食物的认知，激发幼儿对食物的兴趣。

2. 创设宽松愉快的就餐环境

在幼儿园，教师应该按照健康教育的要求，创设宽松愉快的就餐环境。具体做法如下：

（1）在空间设置上，教师可以尝试对原有的桌椅摆放进行调整，扩大幼儿与同伴交往的范围。

（2）在幼儿进餐的过程中，教师应关注每一个幼儿的饮食情况，及时与幼儿家长交流，查找吃饭难的具体原因。

（3）进餐时，可以播放一些轻快的音乐，提高幼儿消化系统自主神经的兴奋点，激发幼儿就餐的欲望。

3. 循序渐进，逐步加量

如果幼儿不愿意吃某种食物，家长和教师应避免强制幼儿食用。一味采取强迫手段，反而会影响幼儿进餐的情绪。对那些幼儿不感兴趣的食物，可以采用"小步子走，逐步加量"的办法，从尝一小口开始，过渡到尝几口，再慢慢地加量，让幼儿的身心慢慢适应食物、接受食物。家长和教师要有足够的耐心，并适时地表扬幼儿，使幼儿的积极行为及时得到肯定。这种做法有助于减轻幼儿的心理压力，让幼儿获得信心，从而接受本不愿接受的食物。

4. 开展有针对性的饮食与营养教学活动

3—6岁幼儿的思维处于前运算阶段，习得外界知识的主要方式是直接的、感性的经验。因此，可以通过开展相关教育教学活动，唤起幼儿对饮食及相关活动的兴趣。比如，可以开展"认识食物"的主题活动，带领幼儿参观菜市场或超市，与幼儿共同采购食物，并择机讲解食物的营养成分及对身体健康的好处。

5. 家园配合，保持一致

事实上，幼儿的不良饮食习惯多数来源于父母，如父母不喜欢吃的食物，幼儿也常常不爱吃。有些家庭的饮食品种较单调，这也会导致幼儿偏食、挑食。因此，教师和家长要及时就幼儿的饮食行为进行交流，商量一致的对策。幼儿园和家庭之间要保持一致的要求，在幼儿园养成的饮食习惯要能够在家庭得到巩固。

幼儿健康饮食习惯的养成以及科学进餐行为的形成是一项系统工程，需要家庭、幼儿园及社会的共同努力。

活力加油站

大班健康教育活动：我是小小营养师

基 本 信 息			
活动名称	我是小小营养师	活动班级	大三班
执教老师	王老师	主要领域	健康、科学

活动设计背景
随着家庭生活条件的提升，很多家长反映孩子在家挑食，遇见自己喜欢吃的东西，不管有没有营养使劲吃，可是遇到自己不喜欢吃的东西，不管家长怎样劝说，绝不会张嘴。教师根据这种情况设计了本次活动，让幼儿在操作中学习营养的合理搭配。

活 动 目 标
（1）尝试自己设计一份营养餐，对食物搭配感兴趣。 （2）了解合理的饮食结构，培养科学进餐的好习惯。 （3）主动和同伴交流，并能对自己和同伴的设计进行恰当的评价。

活动重点、难点	
重点	了解合理的饮食结构。
难点	根据营养搭配的要求，尝试设计一份营养餐。

活 动 准 备
（1）物质准备：各种食物的图片、盘子、健康金字塔教学挂图。 （2）经验准备：幼儿已有吃自助餐的经验。

活 动 过 程			
活动环节	教师活动	幼儿活动	设计意图
一、幼儿尝试第一次挑选自助餐	1. 导入：教师以"营养师"的角色将幼儿带入游戏情境（哈哈餐厅）。 2. 集体讨论吃自助餐的经验：挑选食物的注意点。 3. 组织幼儿第一次挑选自助餐食物。 4. 挑选几个选择菜肴具有代表性的幼儿，请其他幼儿讨论他们的自助餐搭配是否合理。	1. 回忆并讨论吃自助餐的经验。 2. 幼儿为自己挑选一份自助餐（把食物图片贴在盘子里）。 3. 和身边的伙伴交流所选的食物。	通过"自助餐厅"的游戏情境创设，激发幼儿的学习兴趣。

（续表）

活　动　过　程			
活　动　环　节	教　师　活　动	幼　儿　活　动	设　计　意　图
二、借助范图，逐层介绍"健康饮食金字塔"	1. 教师逐层介绍"健康饮食金字塔"，并以儿歌的形式进行归纳。 2. 小结：这座金字塔告诉我们，在挑选食物时要注意营养全面，还要合理搭配。一是我们的饮食中必须有谷类食品，可以选择其中的一种或者两种；二是要有蔬菜和水果，当然也要适量，并不是一次都要把所有的蔬菜和水果吃全；三是搭配一些适量的肉或者鱼等荤菜换着吃；四是每天要补充一些牛奶和豆制品；五是油炸和烧烤食品要不吃或者尽量少吃。这样我们的饮食才是健康合理的。	1. 学习"健康饮食金字塔"。 2. 讨论：怎么吃才是科学合理的？	在图片和儿歌等形象生动的互动学习中初步了解营养知识。
三、调整已选自助餐，自主设计一份营养餐	1. 提问：学习了营养知识后，你觉得自己挑选的自助餐合理吗？ 2. 引导幼儿根据"健康饮食金字塔"调整所选食物，并提出操作要求。 3. 给符合营养标准、搭配合理的幼儿颁发营养师标志。	1. 回忆"健康饮食金字塔"，查找已选自助餐的不合理之处。 2. 幼儿调整已选食物，自主设计营养餐。 3. 幼儿互相进行交流评价。	通过比较，形成认知冲突，在问题中进行实操和互相评价，进一步内化健康饮食搭配的知识。
四、整理拓展	师：今天在哈哈餐厅，你们不仅学到了营养知识，为自己设计了搭配合理的营养餐，还获得了营养师的标志，真为你们高兴！希望你们以后在生活中能做到不挑食、不偏食，养成科学进餐的好习惯。	互相说说一日三餐该如何搭配。	在总结中启发幼儿合理规划自己的一日饮食搭配。
活动延伸	根据合理搭配的要求，尝试为自己的家庭设计一份营养食谱。		

从良好饮食习惯培养的角度出发，在幼儿学习自主设计营养餐时，教师除了引导幼儿注意营养的合理搭配外，还应该注意什么？

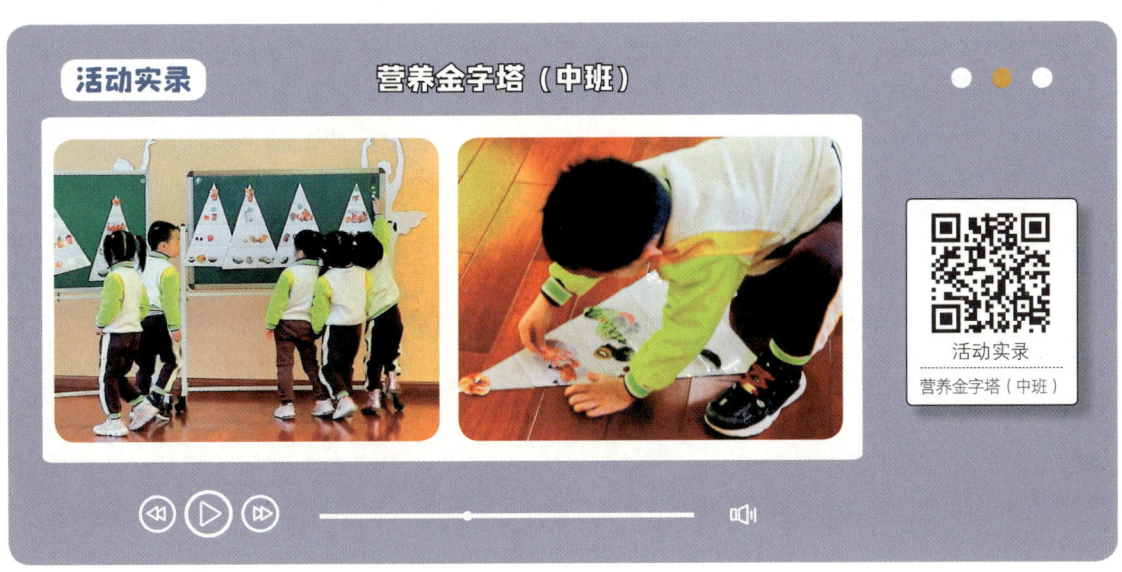

任务超市

以下为自选任务，请同学们根据自己的学习情况进行选择性操作练习。

1. 分析"我是小小营养师"教学活动方案，说说该活动采用了哪些教学方法？有哪些设计亮点？还有哪些内容有待优化？

2. 学习案例"我是小小营养师"，设计一个帮助中班幼儿认识食品保质期的教育活动方案，并进行试教。

3. 结合你的教育见习、实习的经验，列举幼儿在饮食与营养方面存在的主要问题，为实习所在班级设计一个饮食与营养教育的专题活动方案。

组织幼儿身体认识与保护 教育活动

▌ 案例导入 ▌

　　最近，班上孩子经常会问："老师，为什么小便的时候女孩子要蹲下来，而我们男孩子却站着呢？"还有的男孩子竟忍不住好奇，偷偷在女孩子小便时观察一会儿。我决定正面回应孩子们的疑问，开展一次"性启蒙"教育活动，让幼儿认识男孩与女孩的不同。但是，新的问题又随之而来，孩子们对身体部位的探索产生了浓厚的兴趣，经常在自由讨论中把衣服掀起来……让人哭笑不得。

　　分析：看来，在"性教育"这个复杂的话题中，不仅要让孩子了解自己身体部位的特点和功能，还得特别引导他们学习如何保护自己的身体，并逐步形成一种自觉意识。

☑ 任务描述

1. 概述幼儿身体认识与保护教育的意义。
2. 熟悉幼儿身体认识与保护教育的目标制定与内容选择的要求。
3. 能根据所学知识较为合理地开展幼儿身体认识与保护教育活动的设计与组织。
4. 尝试创新性地设计与组织教学活动。

📖 知识储备

一、 幼儿身体认识与保护教育的意义

　　身体是个体生命之源，保护生命首先体现在对自己生命体的珍惜与保护上。3—6岁是幼儿长身体、健体魄的黄金时期，幼儿身高增长迅速，骨骼发育逐渐完善，身体免疫力大大增强，体能迅速增加，脑细胞数量增长极快（接近成人脑细胞数量的80%）。因此，幼儿的身体认识与保护教育不容忽视。

　　人的身体可以分为头、躯干和四肢三个部分。头包括眼睛、耳朵、鼻子、嘴巴、脑。躯干包括胸腔、腹腔。四肢包括上肢（手和臂）和下肢（腿和脚）。每个孩子，每天都在

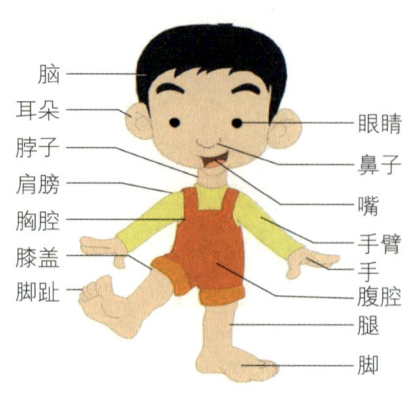

脑
耳朵
脖子
肩膀
胸腔
膝盖
脚趾

眼睛
鼻子
嘴
手臂
手
腹腔
腿
脚

▲ 图3-4-1 我们的身体

和自己的身体打交道，但这并不表示孩子对自己的身体有充分的认识，因此，教师要设法帮助幼儿正确地看待自己的身体，通过运用一些融合现代教育技术的健康教育活动，帮助他们了解身体各器官的功能，让幼儿充分发现自己身体的美，如明亮晶莹的眼睛、整齐洁白的牙齿、灵活自如的关节和富有节奏的心跳与脉搏等，让幼儿充分感受身体健康的重要性，唤起他们爱护自己身体的意识。

二、 幼儿身体认识与保护教育的目标制定

幼儿身体认识与保护教育的年龄段目标可详见第一关的任务二。另外，在制定幼儿身体认识与保护教育活动的目标时需注意以下几个方面：

（一）认知目标应符合幼儿的实际认知水平

幼儿园身体认识教育活动由于涉及很多科学性概念和知识，教师在设计目标时一定要充分考虑幼儿的实际认知水平和接受程度。

小示例

大班健康教育活动：苹果旅行记

（1）初步了解消化器官的功能，并理解"咬、磨、咽、蠕动、进入、排出"等动词用在各消化器官时的含义。

（2）能用肢体的动作表现食物的进程，体验其中的乐趣。

分析 在这个案例中，活动目标出现了"蠕动"这个词，教师很难讲解，幼儿也难以用肢体动作来表现。

（二）情感与态度目标应能激发幼儿珍爱自己身体的情感

身体美意味着健康，身体不美意味着龋齿、眼疾、驼背、面黄肌瘦、过分肥胖、发育不良等不健康的现象。洁白整齐的牙齿是美的，灵动明亮的眼睛是美的，协调的肢体动作是美的，这些直观形象的美都能激发幼儿内心珍爱自己的身体、愿意保护好自己的身体的美好情感。

小示例

中班健康教育活动：我爱刷牙

（1）初步了解龋齿产生的原因，知道龋齿的危害。

（2）通过对不同健康状况的牙齿的对比，感受健康牙齿之美。

（3）愿意天天刷牙，自觉保护好自己的牙齿。

分析 该目标在让幼儿了解龋齿产生的原因、认识龋齿的危害的基础上，引导幼儿感受整齐洁白的牙齿之美，促使其形成坚持天天刷牙的好习惯。

▲ 图3-4-2　我爱刷牙

（三）能力目标应指向健康行为的养成

健康教育活动的核心目标是健康行为的养成。在身体认识与保护教育中，幼儿通过观察、体验与操作，探索自己身体的奥秘，学习自我保护的方法，并将其逐步转化为习惯。

小示例

中班健康教育活动：会动的关节

（1）了解人体主要关节的名称及作用，知道关节能使身体弯曲，对人体活动有重要作用。

（2）知道某些错误的行为会对关节造成伤害，学习简单的保护关节的方法。

（3）爱惜自己身体的关节，树立主动保护关节的意识。

分析 本目标突出了错误的行为会导致身体受伤，从而让幼儿认识到健康行为的重要性，使其更愿意坚持健康的行为。

三、 幼儿身体认识与保护教育的内容选择

（一）五官的认识与保护

1. 眼保健的教育内容

（1）掌握关于眼睛的基本结构和功能的知识：眼睛里有眼球，眼睛会流泪；眼皮、眉毛可以保护眼睛；眼睛能识物、认人、学习知识、表现感情。

（2）学会正确地做眼保健操，并初步养成做眼保健操的习惯。

▲ 图3-4-3　眼保健活动

（3）养成良好的用眼习惯：注意科学采光，看书时坐姿要端正，眼睛与书本应保持0.33米（约一尺）的距离；不要躺着看书，以免眼和书的距离过近；不在走路和乘车时看书，因为身体的活动可导致书与眼的距离频繁变化，极易造成视觉疲劳；看电视、电脑、手机的时间要有节制，每天不超过2小时；集中用眼一段时间后应远望或去户外活动，消除眼疲劳。

（4）学习一些眼睛保健的知识：不用手揉眼睛；不与别人共用毛巾和手帕；不玩可能伤害眼睛的玩具。

（5）知道吃胡萝卜、猪肝等食物对眼睛有好处。

（6）明白定期检查视力的意义和方法，并能配合检查。

2. 口腔保健的教育内容

（1）知道口腔里有牙齿、舌头，口腔里有口水，要及时吞咽；知道乳牙的形状、数量，5—6岁的幼儿要了解换牙的知识；知道牙齿能咬碎食物，舌头能辨别味道，牙齿和舌头能帮助发音。

▲ 图3-4-4　牙保健活动

（2）培养早晚刷牙、进食后漱口的好习惯；养成平时不吮手指、不随便往嘴里塞东西、不咬硬物的好习惯，以预防牙列不齐。

（3）知道食物的残渣容易在口腔中产生酸，腐蚀牙齿，形成龋洞。

（4）知道应多吃含钙丰富的食物，多晒太阳，这样有利于牙齿健康。

（5）明白定期检查牙齿的意义和重要

性，能配合检查，发现龋齿要及时处理。

3. 耳保健的教育内容

（1）知道耳朵有耳郭、耳道，耳道里有耳屎；知道耳朵能听声音、欣赏音乐，帮助识物识人，维持平衡感等知识。

（2）知道耳屎有保护作用，在张口、咀嚼时会自行脱落，若耳屎过多，形成栓塞，可请医生帮忙去除；知道自己不可用锐利的工具挖耳朵。

（3）洗澡、游泳时，要注意保护耳朵，不要让水灌进耳朵里，以预防中耳炎等。

（4）遇到噪声时，要用手捂住耳朵，张开嘴巴。

（5）组织各种音乐活动，培养幼儿的节奏感，促进幼儿听力的发展。

▲ 图3-4-5　耳保健活动

4. 鼻保健的教育内容

（1）知道鼻的相关知识：鼻子是重要的呼吸器官，能温暖、湿润和清洁吸入的空气。

（2）掌握擤鼻涕的正确技能，不抠鼻孔，不往鼻孔里塞异物，打喷嚏时要捂住口鼻。

（3）知道吃柿子椒、油菜对鼻子有好处。

▲ 图3-4-6　鼻保健活动

5. 皮肤保健的教育内容

（1）掌握基本的皮肤保健知识。

（2）养成经常进行皮肤清洁的好习惯，勤换内衣，掌握正确的洗脸、洗手、洗脚、洗屁股的方法，学会剪指甲的基本技能。

（3）知道多吃新鲜的水果和蔬菜有益于皮肤。

▲ 图3-4-7　皮肤保健活动

（二）主要内部器官的认识与保护

1. 消化系统的教育内容

人体内与消化摄食有关的器官包括：口腔、咽、食道、胃、小肠、大肠、肛门，以及唾液腺、胃腺、肠腺、胰腺、肝脏等，因此称它们为消化器官。这些消化器官协同工

▲ 图3-4-8　认识人体系统

▲ 图3-4-9　认识心脏

作，共同完成对食物的消化和对营养物质的吸收。所有的消化器官的总和称为消化系统。

2. 神经系统的教育内容

神经系统由脑、脊髓、脑神经、脊神经、自主神经，以及各种神经节组成。神经系统能协调体内各器官、各系统的活动，使之成为完整的一体，并与外界环境发生相互作用。

3. 呼吸系统的教育内容

呼吸系统包括呼吸道（鼻腔、咽、喉、气管、支气管）和肺。气体交换地有两处：一处是外界与呼吸器官（肺）之间进行的气体交换，称肺呼吸或外呼吸；另一处是血液和组织液与机体组织、细胞之间进行的气体交换，称内呼吸。

4. 血液循环系统的教育内容

血液循环系统是由生物体的体液（包括细胞内液、血浆、淋巴和组织液）及其借以循环流动的管道组成的系统。血液循环系统分为心脏和血管两大部分，因此又被称作心血管系统。

5. 运动系统的教育内容

运动系统由骨、关节和肌肉组成，约占成人体重量的60%。全身各骨由关节相连形成骨骼，起支持体重、保护内脏和维持人体基本形态的作用。

6. 内分泌系统的教育内容

人体主要的内分泌腺有：下丘脑、垂体、甲状腺、肾上腺、胰岛、胸腺和性腺等。它们的分泌物称为激素，对整个机体的生长、发育、代谢和生殖起着调节作用。

7. 泌尿系统的教育内容

泌尿系统由肾、输尿管、膀胱及尿道组成，其主要功能为排泄。

8. 生殖系统的教育内容

生殖系统是生物体内的和生殖密切相关的器官成分的总称。生殖系统的功能是产生生殖细胞，繁殖新个体，以及分泌性激素和维持第二性征。

（a）

（b）

（c）

（d）

▲ 图3-4-10　我是从哪里来的呢（生殖系统的教育内容）

（三）早期性教育

微课讲解
早期性教育

著名性教育专家阮芳赋曾说：性教育的关键时期是幼儿时期，幼儿在周围环境的影响下，对事物的各种观念开始逐渐形成，其中包括性观念、性态度、性道德标准等。

在幼儿每个成长阶段提供适龄的、科学的性教育，可以让幼儿受益一生。

（1）告诉幼儿什么是隐私部位，即小背心和小内裤遮盖的部位属于身体的隐私部位，不可以随便裸露，也不能随便让人摸。如果有人触碰，记得要告诉爸爸妈妈或老师。每个人的身体属于自己，也要尊重他人的隐私，尊重差异和不同。

（2）告诉幼儿与性器官相关的行为界

▲ 图3-4-11　幼儿性教育

限。摸自己的生殖器时，手一定要保持干净。手脏的时候不能摸，也不能用各种东西（如笔、纸）去玩生殖器。

（3）告诉幼儿关于性别与社会性别的区别。有的女孩性格特别"像男生"，有的男孩性格特别"像女生"，这都是正常的，不能为此嘲笑别人。男孩可以喜欢和女孩在一起玩，女孩也同样可以喜欢和男孩一起"野"。男孩和女孩有不同，但彼此是平等的。当我们去照顾异性时，不是因为她是女生或者他是男生，而是因为如果你是他/她，你也希望得到别人的帮助。

（4）告诉幼儿亲密关系的建立、生命的孕育都是源自爱。

四、 幼儿身体认识与保护教育活动的设计与组织

（一）幼儿身体认识与保护教育活动的常用教学方法

1. 观察法

在组织身体认识与保护教育活动的过程中，教师可鼓励幼儿通过视觉、听觉、嗅觉、触觉等不同的感觉器官进行观察，了解身体各部分的机能，知道如何保护自己的身体。

小示例

身体的秘密（片段）

（1）引导幼儿通过观察挂图，阐述自己所看到的"男、女有什么区别"，请幼儿充分讨论自己对不同性别的看法。

（2）提问引发思考：什么是"性"？

教师小结："性"是和我们的身体密切相关的，仅从头发的长短是不能判断性别的，而是要通过我们身体的某些部位来判断，它们是代表性别差异的。是哪些部位呢？就是我们穿衣服遮起来的部位。

▲ 图3-4-12　观察男、女的区别

2. 讲解法、示范法

在身体认识与保护的教育活动中，教师可配合挂图、图书、模型或实物等，向幼儿讲解身体结构、身体保健等方面的知识，这种方法形象鲜明、生动具体，易于幼儿理解。

利用绘本进行幼儿身体认识与保护教育

绘本特别有利于幼儿直观形象地认识身体器官，认识身体之美及各部分的重要性，从而让幼儿喜欢自己的身体，愿意好好保护自己的身体。例如绘本《牙齿大街的新鲜事》讲述了这样一个故事：哈克和迪克在牙齿上挖洞建房，不仅要修建舒适的小窝，还梦想着修建可以出租的豪华公寓……突然，一把大刷子带着很多警察出现在牙齿大街上，哈克和迪克贮藏的粮食几乎被一扫而空。更可怕的是，一个巨大的钩子伸向了哈克和迪克的家……这部绘本的作者是德国漫画家鲁斯曼·安娜。绘本通过特别生动有趣的画面和传奇的故事，讲述了保护牙齿的重要性，让人印象深刻。

微课讲解
身体认知教育

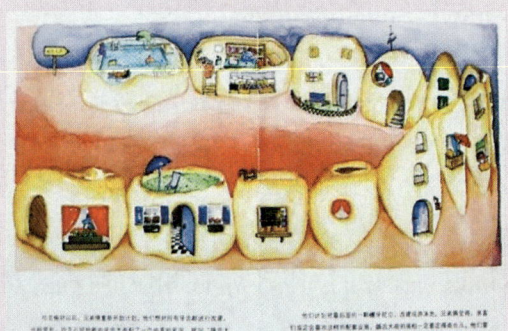

▲ 图3-4-13 绘本《牙齿大街的新鲜事》

3. 游戏法、操作法和行为练习法

游戏法、操作法和行为练习法可以帮助幼儿在实践中掌握、巩固有关生理健康及身体保健的知识和技能，使其形成良好的习惯。

身体认识小游戏：点一点

1. 游戏目的

（1）认识身体的主要部位。

（2）培养幼儿的节奏感，锻炼反应能力。

（3）体验共同游戏的乐趣。

2. 游戏玩法

玩法一：教师念儿歌，小朋友根据儿歌的指示，点出自己相应的身体部位。教师可逐渐加快念儿歌的速度，增加游戏难度。

玩法二：小朋友两两一组，一个小朋友念儿歌，另一个小朋友点出自己的相应部位，点错了互换，看谁对得多。

小班健康教育活动：我会漱口（操作与练习部分）

教师：东东给我们带来了镜子。我们来照照镜子，看看嘴巴里面干净吗？（引导幼儿发现牙齿上的食物残渣）它们爬到牙齿上去了，牙齿变脏了，你有什么办法把它们从牙齿上赶走呢？

教师提供杯子、水、接水盘、小毛巾，幼儿用正确的方法漱口。

教师说儿歌：手拿花花杯，喝口清清水，抬起头、闭上嘴，咕噜咕噜吐出水。幼儿操作3次后，互相看看谁的嘴巴最干净。

幼儿分组自由练习，教师巡回指导，拍摄幼儿练习时的场景。

4. 参观法、情景表演法

为了帮助幼儿理解身体认识与保护的知识，掌握相应的技能，教师可组织幼儿进行实地参观活动或情景表演活动。

5. 讨论法、谈话法

教师可围绕活动，配合模型、挂图、实物、录像等，引导幼儿表达自己的感受，并进行讨论。这种方法有助于幼儿积极主动地掌握相关知识与技能，并能锻炼其口语表达能力。

小示例

会动的关节（片段）

教师出示图片，幼儿结合生活经验，通过讨论解决难点。

图一：幼儿互相推拉。提问："他们在干什么？这样做会怎么样？"

图二：幼儿奔跑。提问："奔跑的时候应该注意什么？容易怎么样？"

图三：幼儿玩老鹰捉小鸡的画面。提问："玩的时候容易发生什么问题？"

讨论："这些现象会使小朋友怎样？我们应该怎样保护关节，以避免伤害？"

小结：活动时注意不硬拉、拽同伴的胳膊，不推撞同伴；体育活动中注意互相躲闪，避免摔伤；跳跃或提拿重物时注意保护好自己的关节，不使关节拉伤或扭伤。

预防性侵（片段）

观看新闻录像，引导幼儿思考并讨论问题。

如果有人给你糖吃，要和你玩脱衣服的游戏，你该怎么做？

如果有人突然要你把裤子脱下，给你检查身体，你该怎么做？

如果有人要和你玩扮演医生的游戏，要求摸你的小鸡鸡，怎么办？

如果有人触碰你的方式让你感到不舒服，你会怎么做？

如果有人说想向你展示一下什么是"性"，说可以让你感到愉快，你该怎么回应？

（二）幼儿身体认识与保护教育活动的组织要点

1. 充分认识身体认识与保护教育对幼儿当前和未来发展的重要意义

教师应建立以健身为主的全面育人的价值观和目标观，按照身心综合能力结构理论，塑造幼儿的身体认识与保护能力，发展他们的全面素质，冲破仅限于生活技能和行为习惯培养的旧教育模式。

2. 发挥教师、幼儿、家长、保健员与保育员五方的主体性，协同一致

（1）要帮助家长、保健员、保育员建立新的保健教育观和主体教育观，并提出互相配合的具体建议。教师可以邀请家长和保育员参与评价活动，鼓励和组织他们提供有关的教育内容。

（2）应把每次身体检查的结果告诉幼儿和家长，同时可有针对性地对幼儿园和家庭的有关教育环境做全面的检查和评价。比如，在做视力检查的同时，可全面检查和评价家园的桌椅、照明和儿童读物是否符合卫生标准，检查幼儿的阅读姿势、看电视的位置与时间以及是否具备眼保健意识，检查教师自身和家长在眼保健教育上的言传身教情况。

3. 认识并尊重幼儿在身体认识与保护教育活动中的主体地位

教师要引导和组织幼儿参加教育准备、实施和评价等各个阶段的活动，发挥他们的主体能力。

4. 充分利用视频、图画、模型等现代媒体

教师应充分利用现代媒体，帮助幼儿了解自己的身体、五官发育和健康状况，这是发展自我保健意识的基础。

5. 改变成人在生活自理教育中的一些误区

（1）认为生活自理能力不重要，没有认识到生活自理教育对幼儿未来的深远意义。

（2）幼儿能学会做的事不教，能做好的事不让做，这样的过度疼爱是对幼儿自立行为

的剥夺，不利于幼儿的健康成长。

（3）因嫌幼儿做得慢、做不好而不让他们做力所能及的事，这会使他们缺乏基本的自理能力。

（4）教育方法上采用催、管、斥、责多，鼓励、引导少，特别在幼儿出现失误或显得"笨拙"时，更是责怪得多，这样会损害幼儿的自信心、自尊心和自立心。

6. 多管齐下，协同一致，做好身体认识与保护教育

身体认识与保护教育是渗透在幼儿整个生活之中的。健康教育活动和生活活动是主体活动，音乐、美术、语言、科学、社会等教育活动和游戏活动也有丰富的身体认识与保护教育的内容。因此，在设计身体认识与保护教育活动时，要做到突出主体、多管齐下、协同一致，以发挥教育的整体效益。

 活力加油站

小班健康教育活动：我有一双能干的小手

基　本　信　息			
活动名称	我有一双能干的小手	活动班级	小一班
执教老师	李老师	主要领域	健康、语言、艺术

活动设计背景

幼儿在生活中的方方面面都离不开自己的双手，因而让幼儿了解自己的这双能干的小手是非常重要的。在本次活动中，教师通过儿歌、讨论、游戏等多种教学形式，让幼儿认识手的结构和功能，进而对自己的小手有一个全面的认识，并通过活动爱上自己的小手，为自己有一双能干的小手而感到自豪。

活动目标

（1）激发探索自己手的奥秘的兴趣，为自己有一双能干的小手而感到自豪。
（2）认识手的基本结构和功能。

活动重点、难点

重点	认识手的基本结构和功能。
难点	尝试用手完成多种活动。

活动准备

（1）物质准备：视频、挂图。
（2）经验准备：幼儿已学习儿歌《我有一双小小手》。

（续表）

活 动 过 程			
活 动 环 节	教 师 活 动	幼 儿 活 动	设 计 意 图
一、导入：儿歌表演《我有一双小小手》	教师与幼儿一起表演儿歌《我有一双小小手》。	幼儿表演儿歌《我有一双小小手》。	利用儿歌激发幼儿的学习兴趣。
二、讨论：我的小手真能干	1. 教师出示手的挂图，介绍手的基本结构。 2. 讨论：我们的小手有什么用？鼓励幼儿大胆地在集体面前讲述自己的小手。 3. 教师小结。	1. 幼儿观察自己的手，认识手的基本结构。 2. 回忆生活经验，大胆讲述自己的手可以做什么。	在观察与讨论中，帮助幼儿丰富"手的结构和功能"的知识。
三、手指游戏："我的小手变变变"	1. 教师引导幼儿做手指游戏。 2. 教师提问：除了变小鸡、小鸭，我们的小手还会变什么呢？	1. 幼儿学做手指操。 2. 边做边想，尝试将小手变成新的小动物。	在游戏中了解小手的多变性，启发幼儿的创造性思维。
四、总结提升	1. 教师总结手的基本结构和功能。 2. 教师引导幼儿夸夸自己的小手。	幼儿夸夸自己能干的小手。	通过夸夸自己的小手来获得学习的成就感和快乐，激发幼儿用小手解决问题的自主性。
活动延伸	回家和父母继续讨论：小手还能做什么？		

小思考

在学习小手的结构和功能的基础上，如何引导幼儿保护自己的小手？请你围绕这一问题，设计第2课时的活动目标和基本内容。

我这样想

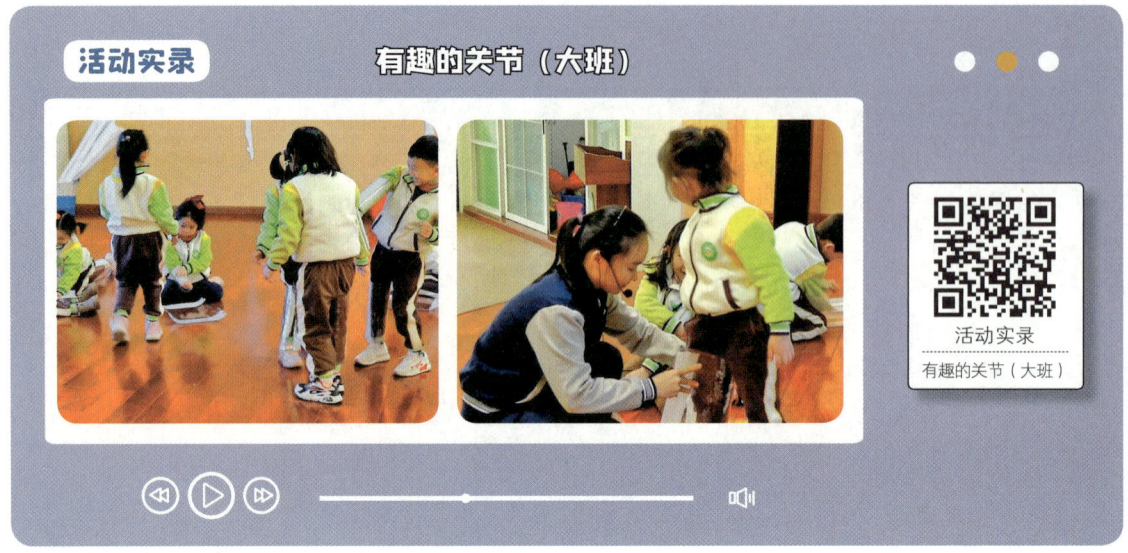

任务超市

以下为自选任务，请同学们根据自己的学习情况进行选择性操作练习。

1. 根据同课异构①的要求，改编"我有一双能干的小手"的教学活动方案。

2. 在"我有一双能干的小手"活动后，教师如何引导幼儿在一日生活的各环节中应用本活动的所学内容，谈谈你的想法。

3. 选择一本和幼儿身体认识与保护有关的绘本，并进行教学活动的方案设计和组织，年龄段、具体内容不限。

过关测验

一、选择题

1. 不属于幼儿园日常生活习惯和生活能力教育的活动内容是（   ）。
   A. 个人卫生　　　　　B. 饮食习惯　　　　　C. 早操活动　　　　　D. 整理习惯

2. 以下（   ）不属于身体认识与保护教育活动的主要内容。
   A. 口腔保健　　　　　B. 鼻保健　　　　　　C. 心理保健　　　　　D. 眼保健

3. 幼儿安全教育是指幼儿园教师及其他责任相关者为培养幼儿的（   ）、辨析安全与否的能力、自我保护能力、情感安全而对幼儿进行的日常和专题教育以及模拟演习等教育活动。
   A. 安全习惯　　　　　B. 安全概念　　　　　C. 常规意识　　　　　D. 安全意识

---

① 注：同课异构是指用不同的风格、方法、策略对同一内容进行教学的课。

二、实操题

将全班分成4个小组，观摩实习幼儿园的身体保健教育活动。第一小组着重观摩幼儿生活习惯与生活能力的教育活动，第二小组着重观摩幼儿安全教育活动，第三小组着重观摩幼儿饮食与营养教育活动，第四小组着重观摩幼儿身体认识与保护教育活动。各小组对活动的设计思路、活动目标、组织与实施、活动效果等进行评议，将其整理成一份报告并在班级中进行交流。

积分奖励

1. 在"过关测验"中，每答对一道选择题可在自己的知识分值上加1分（共3分）。

2. 在"过关测验"中，完成实操题的同学请根据自评、互评、师评的平均分在自己的能力分值上加分（满分为10分）。

3. 完成第三关所有"任务超市"的同学，请在自己的素养分值上加5分，完成其中2—3项的加3分，完成其中1项的加2分，一项都没有完成的不能加分。

请你算一算，你现在的累计积分是多少？

知识（　　　）　　　　能力（　　　）　　　　素养（　　　）

反思与预测

请你回顾第三关的学习过程，写下你的反思和感悟，并说说自己对下一关学习的自我期待。

第四关 组织幼儿体育活动

闯关目标

知识目标	1. 了解幼儿园各类体育活动的内涵与价值。 2. 掌握幼儿园各类体育活动的内容与结构。 3. 掌握幼儿园各类体育活动的设计与组织要点。
能力目标	1. 能够独立设计与组织幼儿基本动作练习活动。 2. 能够独立设计与组织幼儿体育游戏活动。 3. 能够独立设计与组织幼儿早操活动。 4. 能够独立设计与组织幼儿户外体育活动。
素养目标	1. 在学习与模拟练习中发展合作能力、创新能力和表达能力。 2. 不断探索与借鉴前沿理论，发展反思性实践智慧。

知识导图

本关导语	→	组织幼儿基本动作 练习活动	→	组织幼儿 体育游戏活动	→	组织幼儿 早操活动	→	组织幼儿 户外体育活动

- 幼儿园体育活动的概念
- 幼儿园体育活动的教育价值
- 幼儿园体育活动的主要任务

- 幼儿基本动作练习活动的概念
- 幼儿基本动作练习活动的目标制定
- 幼儿基本动作练习活动的内容选择
- 幼儿基本动作练习活动的设计与注意事项
- 幼儿基本动作练习活动的组织与指导

- 幼儿体育游戏的概念
- 幼儿体育游戏的类型
- 幼儿体育游戏的选择
- 幼儿体育游戏的设计
- 幼儿体育游戏的组织与指导

- 幼儿早操活动的概念
- 幼儿早操活动的价值
- 幼儿早操活动的结构
- 幼儿早操活动的设计
- 幼儿早操活动的组织与指导

- 幼儿户外体育活动的概念
- 幼儿户外体育活动的价值
- 幼儿户外体育活动的主要类型
- 幼儿户外体育活动的环境创设
- 幼儿户外体育活动的组织与指导

幼儿园体育活动是遵循3—6岁幼儿身体生长发育、发展的特点和规律，以身体练习为基本手段，以增强体质，发展幼儿的身心素质和初步的运动能力，提高幼儿的健康水平和健康意识为主要目的的一系列身体锻炼教育活动。幼儿园体育活动主要包括幼儿基本动作练习活动、幼儿体育游戏、幼儿早操活动和幼儿户外体育活动等。

幼儿园体育活动是幼儿最为喜爱的活动之一，是幼儿园教育活动的重要组成部分之一，也是实现幼儿身心全面、健康、和谐发展的重要途径之一。体育活动在促进幼儿机体生长发育和各个器官功能成熟的同时，也为幼儿逐步形成良好、稳定的情绪，发展认知和思维能力，提升社会交往能力提供了坚实的基础。

幼儿园体育活动的主要任务包括：（1）培养幼儿参加体育活动的兴趣和习惯。（2）增强幼儿体质，提高其对环境的适应能力。（3）提高幼儿动作的协调性、灵活性。（4）培养幼儿坚强、勇敢、不怕困难的意志品质和主动、乐观、合作的态度。（5）提高幼儿自我保护的意识和能力。

小资料

幼儿体智能课程 [1]

体智能课程又被称为亚太体智能课程（Asia-Pacific Kinesthetic Intelligence），它是指专为幼儿设计的，以运动为主旨，以游戏为途径，以促进幼儿体、智、能全面发展为目标的新型体育活动。其中"体"是指体能，包括身体适应力与运动；"智"是指智能，包括激发幼儿内在潜能，使幼儿思维灵活；"能"是指人能，包括个性与品德修养、社会适应能力。幼儿体智能课程与传统的幼儿园体育活动不同，具有一定的借鉴价值。

表 4-0-1　幼儿体智能课程与传统的幼儿园体育活动的比较

指　标	幼儿体智能课程	传统的幼儿园体育活动
教学理念	玩性理念，全面发展	健康第一
教学目标	三能融合，玩性发展	增强体质，健康成长
教学内容	器械游戏、亲子活动、徒手游戏、韵律操	基本动作的练习
教学组织形式	小组、合作	个人、小组、集体
教学评价	过程与结果相结合	结果性评价

累计积分

知识（　　） 　　 能力（　　） 　　 素养（　　）

---

[1] 仲晓娇.幼儿园体智能课程教学模式的优化研究［D］.石家庄：河北师范大学，2020：45.

任务一　组织幼儿基本动作练习活动

案例导入

运动场上，实习教师小李正在组织中班幼儿练习投沙包。小李先让幼儿自己练习，然后挑选了一位犯有"典型错误"的幼儿进行"示范"。只见该幼儿直接拿起沙包往下投，沙包掉到了离自己不远的地方。这时，小李捡起沙包，对孩子们说："刚刚这位小朋友的动作是错误的。这个是'扔'，不是'投'。下面请大家看我的示范。首先，预备时要侧向站立，重心落于后脚，引臂向后，用力将沙包向前上方投出……"示范结束后，小李让幼儿再次自由练习。经观察：在教师示范后，幼儿动作规范性的总体情况依然不容乐观，错误动作还是很多，而那位被要求进行"典型错误"示范的幼儿一直愣愣地站在原地，什么也没做。

分析：在这次活动中，实习生小李仅重点关注了"肩上挥臂投掷"的动作技能要领，而忽视了幼儿的学习特点和心理年龄特征。"典型错误"示范的出发点虽然是为了指明错误，但是却让孩子们在第一次示范观察中印象深刻，而对后面正确动作的学习形成了干扰；同时因为教师的否定评价，也对"典型错误"示范者的学习积极性造成了消极影响。在正确动作的示范中，教师只是教科书式地讲解，没有重点比较"投"和"扔"的区别，用语比较成人化，这也使得幼儿没有把注意力聚焦到核心问题上，因而示范效果不佳。可见，教师在组织幼儿基本动作练习活动时，不能仅关注"活动目标"中的技能知识点，还要研究幼儿的心理年龄特征，重视幼儿的情感体验，注意激发幼儿的学习兴趣和主动性，使每个幼儿都能在练习活动中体验到成就感和乐趣。

任务描述

1. 回忆幼儿基本动作练习活动的概念。
2. 识别各年龄段幼儿基本动作练习活动的内容和要点。
3. 能根据所学知识较为科学地设计与组织幼儿基本动作练习活动。
4. 在活动设计与组织中关注个体差异，注重激发幼儿的学习主动性。

知识储备

一、 幼儿基本动作练习活动的概念

幼儿基本动作即幼儿的基本活动能力，是指幼儿在日常生活和社会实践活动中所必须具备的最基本的身体运动技能，例如走、跑、跳跃、投掷、钻、爬、攀登、平衡、滚翻、悬垂等动作。基本动作又可称为一般身体动作，这些动作是日常生活中身体活动的基本模式，也是幼儿体育运动项目中身体活动的基本模式。幼儿基本动作练习活动是指教育者有计划、有目的、有组织地进行的旨在满足幼儿动作发展需要的集体体育教学活动。

幼儿通过基本动作练习活动，可以提高身体素质，增强体质，有效地锻炼整个身体；同时能发展身体的基本活动能力，为更好地适应社会生活创造有利条件。

▲ 图4-1-1　走梅花桩

▲ 图4-1-2　持轮胎跑

▲ 图4-1-3　袋鼠跳

▲ 图4-1-4　攀登软梯

二、 幼儿基本动作练习活动的目标制定

《指南》对各年龄段幼儿的基本动作发展提出了一般要求（详见第一关任务二），这里

不再赘述。活动目标作为基本动作练习的出发点和归宿，将直接影响教师对活动内容、过程、方法的选择和编排，以及环境、材料的布置和利用，同时也影响对活动本身的评价。教育者在制定具体的基本动作练习活动目标时，可根据本班幼儿的发展水平和当地的实际条件进行调整。

小班体育活动：小蚂蚁运粮

活动目标：

（1）学习听信号向指定方向跑，发展听指令和奔跑的能力。

（2）通过游戏情境中儿歌的帮助，能够初步根据指令做出相应的动作。

（3）愿意参与运粮食游戏，体验游戏规则。

分析　小班幼儿刚进入集体生活，听信号能力还比较弱，动作技能发展得不够成熟，跑步动作不太协调。因此，本次活动的主要目的是帮助幼儿学习在集体中听教师指令进行游戏的方法，引导其愿意大胆地跑起来，并在玩的过程中自然掌握游戏规则，为后续的体育活动作好准备。

中班体育活动：拯救羊村

活动目标：

（1）进一步学习向指定方向快跑20米，发展速度和耐力。

（2）通过完成各种闯关任务体验快跑的动作，感知步子迈大、用力蹬地才能跑得快，上身前倾、屈臂前后摆动才能省力。

（3）在游戏情境中体验助人的乐趣，有提高跑步速度的愿望。

分析　中班幼儿的跑步能力发展迅速，无论是跑的技能、速度和耐力，还是心理素质都有明显的进步。但对于步子大才能跑得快、屈臂前后摆才能省力、快跑后不能马上停等知识，还需要在多次的快跑实践中体验和内化。本次活动设计的出发点就是借助游戏闯关情境，引导幼儿学习短距离快跑的简单技巧，增强幼儿跑的速度、力量及耐力。

三、幼儿基本动作练习活动的内容选择

根据动作组成的特点与基本结构，可以将基本动作分为两种类型：一种是周期性动作，另一种是非周期性动作。周期性动作以不断地反复、循环某些基本的动作技术为基础，如走、跑、爬等。这类动作的结构较为简单，幼儿较容易学会和掌握，也比较容易形成自动化。非周期性动作的结构较为复杂，幼儿较难掌握，如跳跃、投掷等。幼儿要学

习和掌握这类动作，需要循序渐进，要具备更加集中的注意力、更好的动作协调性及意志力。

表 4-1-1　幼儿基本动作练习活动的内容和要点

基本动作	年龄段	内　　　容	要　　　点
走	小班	（1）听信号向指定方向走。 （2）一个跟着一个走。 （3）沿着圆圈走。 （4）拖拉物体走。 （5）在指定的范围内四散走。 （6）模仿动物走。	上体正直、自然走。
	中班	（1）听信号有节奏地走。 （2）听信号变速走、变方向走。 （3）高举手臂足尖走、蹲着走。 （4）跨过低障碍物走、前脚掌走。 （5）倒退走、上下坡走。	上体正直，上下肢协调地走，两臂前后自然摆动，走得自然、轻松、有节奏，落地要轻。
	大班	（1）听信号改变方向走、变速走。 （2）绕过障碍曲线走。 （3）一对一对整齐地走。	步伐均匀，有精神地走。
跑	小班	（1）听信号向指定方向跑、持物跑。 （2）在指定的范围内四散跑。 （3）在指定的范围内追逐跑。 （4）走跑交替或慢跑100米。 （5）沿场地周围一个跟着一个跑。	自然跑。
	中班	（1）一路纵队有节奏地跑。 （2）在一定范围内四散追逐跑。 （3）20米内快跑、接力跑、走跑交替。 （4）200米内慢跑。	上下肢协调、轻松地跑，摆臂好。
	大班	（1）听信号变速、改变方向跑，躲闪跑。 （2）20—30米内快跑。 （3）200—300米内走跑交替或慢跑。 （4）绕过障碍跑、接力跑、大步跑。	上体稍前倾，两手半握拳，屈肘在体侧，前后自然摆动，用前脚掌着地跑。
跳跃	小班	（1）双脚向上跳。 （2）从高25厘米处往下跳。 （3）双脚向前行进跳。	轻轻跳起，自然落下。
	中班	（1）原地纵跳触物。 （2）双脚在直线两侧行进跳、双脚交替跳。 （3）双脚立定跳远，距离不少于30厘米。 （4）双脚站立在高20—30厘米处向下跳。 （5）助跑跨跳过间距不小于40厘米的平行线。	屈膝摆臂蹬地跳，落地轻稳，保持平衡。

（续表）

基本动作	年龄段	内　　　　容	要　　　点
跳跃	大班	（1）原地纵跳触物（物体离幼儿高举的手指尖20—25厘米）。 （2）从高35厘米处往下跳。 （3）立定跳远，行进向前侧跳、转身跳、改变方向（前、后、左、右）跳。 （4）助跑跨跳过间距不小于50厘米的平行线。 （5）跳绳、跳皮筋、跳蹦床。	屈膝摆臂，用力蹬地跳起，保持平衡。
投掷	小班	（1）单手自然向前投物。 （2）双手向上、前、后方抛球。 （3）双手滚、接球，拍皮球。	滚、抛、拍球和接滚动的球。
	中班	（1）肩上挥臂投远。 （2）滚球击物，两人近距离抛接球。 （3）投远。 （4）左右手拍球。	肩上挥臂投球和接抛来的球。
	大班	（1）半侧面肩上挥臂投远。 （2）投远，投准。 （3）抛接球，用球击靶（或活动靶）。 （4）套物，运球，踢球。	行进间拍球，变化形式拍球和集体接力拍球；肩投不仅要投远，而且要投准。
钻	小班	正面钻过障碍物。	低头过障碍物。
	中班	侧面钻过较低的障碍物。	低头缩身过障碍物。
	大班	侧面钻过低障碍物。	协调灵敏地过障碍物。
爬	小班	两手两膝着地向前爬、倒退爬。	手膝协调向前爬。
	中班	手脚着地爬，爬过较长的障碍物。	手脚协调地爬。
	大班	灵活横爬（侧爬）、爬越。	协调灵敏地爬。
攀登	小班	上下台阶、玩滑梯、上下攀登架等。	能在攀登架上爬上爬下。
	中班	攀登各类攀登设备。	手脚协调地攀登。
	大班	手脚交替、灵活地攀登各类设备。	协调灵敏地攀登障碍物。
平衡	小班	（1）在宽15—25厘米的平行线（窄道）中间走。 （2）在平衡木上走。 （3）在高15—20厘米的斜坡上走上走下。	自然走，身体不左右摇晃。
	中班	（1）原地自转。 （2）闭眼行走。 （3）在高20—30厘米、宽15—20厘米的平衡木上走，走斜坡。	上体正直，上下肢协调。
	大班	（1）闭目起踵自转。 （2）单足站立，走平衡板。 （3）在有间隔的物体（砖、木板等）上走，在平衡木（或斜坡）上变换动作走。	上体正直，步子均匀，上下肢协调，动作自然。

（续表）

基本动作	年龄段	内　　　　容	要　　点
滚翻	小班	无内容。	无要求。
	中班	团身滚。	团身紧，滚动圆。
	大班	（1）前滚翻。 （2）侧滚翻。	滚动圆滑、团身紧、方向正，注意保护肘和手。
悬垂	小班	能双手抓杠悬空吊起10秒左右。	动作轻松、自然。
	中班	能双手抓杠悬空吊起15秒左右。	动作轻松、自然。
	大班	能双手抓杠悬空吊起20秒左右。	动作轻松、自然。

四、 幼儿基本动作练习活动的设计与注意事项

（一）幼儿基本动作练习活动设计的结构

微课讲解
幼儿基本动作练习活动设计与注意事项

人体在运动的过程中，生理机能的活动能力是不断变化的，而且有一定规律。一般在开始时，能力逐步上升，然后达到较高的水平并保持一定时间，最后又逐渐下降。这个过程可分为上升、平稳和下降三个阶段，是人体生理机能活动能力变化的客观规律。

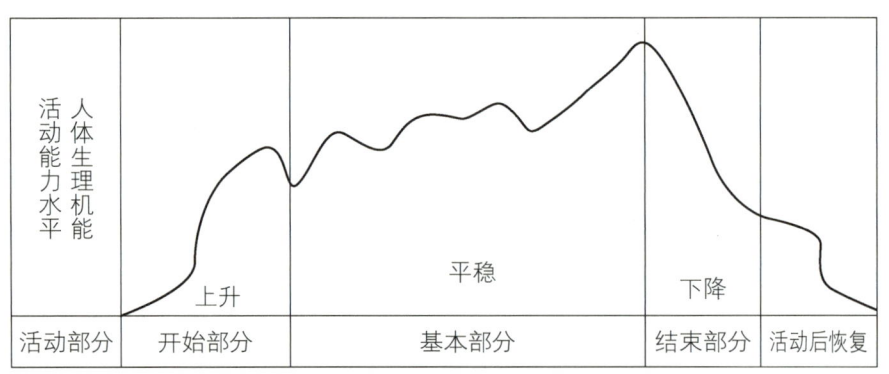

▲ 图4-1-5　人体生理机能活动能力变化

根据以上规律，我们将幼儿基本动作练习活动分为开始、基本、结束三个部分。

1. 开始部分

开始部分的主要目的是把幼儿组织起来，集中幼儿的注意力，激发幼儿参与活动的兴趣，提高幼儿身体各器官、组织的活动能力，为后面的活动开展做好准备。开始部分的主要内容是热身活动。具体包括以下两个方面：

（1）集合排队，并简单地向幼儿说明本次活动的主要内容和要求。

（2）准备活动，即根据基本活动的需要做一些有针对性的准备活动，开展一些运动量不大的基本体操、舞蹈、律动和游戏等，为身体进入大活动量的运动状态做好准备。

开始部分的热身活动必须能够让幼儿身体各部分充分而全面地活动开来，一般包括上伸、下蹲、扩胸、体侧、体转、腹背、跳跃等基本运动。同时还应该根据本次活动所涉及的基本动作练习需求来设置

▲ 图4-1-6　准备活动

热身活动的动作，比如投掷和悬垂要多设计上肢活动的动作，走和跑应该多设计下肢活动的动作。

教师在活动的开始部分要用自己的言行感染和影响幼儿，帮助幼儿做好心理方面的准备工作，调动幼儿参与活动的积极性和愿望，使他们精神振奋、情绪饱满、跃跃欲试。开始部分的设计以简短为宜，一般占总活动时间的10%—20%，幼儿的年龄越小，所占的时间越少。

小班体育活动：快乐的小跳蛙（开始部分）

（1）教师：小跳蛙们，让我们一起去荷花池里快乐地玩耍吧！

（2）队列练习，听口哨走，成四列纵队。

（3）播放音乐《小跳蛙》，做扩胸、伸展、体转、下蹲、跳跃等动作。

分析 该活动的主要目标为练习双脚向前行进跳。在开始部分，通过队列练习、音乐律动，幼儿在不知不觉中活动了关节，达到了热身的效果，为后面大活动量的运动做好了生理准备。同时，有趣的游戏情境创设和欢快的儿歌旋律极大地激发了幼儿参与活动的兴趣和积极性，为基本部分的动作练习做好了心理准备。

2. 基本部分

基本部分的主要目的是学习新的或较难的基本动作，巩固和提高已学过的各类动作，并通过身体练习增强身体素质，提高幼儿机体的运动能力和对运动的兴趣，培养幼儿良好的意志品质。

基本部分是整个活动的核心部分，占总活动时间的70%—80%，用于主要内容的锻炼和学习。主要的过程包括以下几个方面。

（1）通过教师对动作的讲解示范或者幼儿自身的探索，了解基本动作的要领。

▲ 图4-1-7　投掷练习

（2）通过徒手或者带器械的练习，初步掌握基本动作。

（3）通过有趣的游戏，进一步练习和巩固基本动作，发展体能。

一次基本动作练习活动的运动负荷最高峰应该出现在练习活动即将结束的时候。因此，这部分一般安排1—2项内容，把新内容或较复杂的内容放在开始，把容易引起幼儿兴奋的内容放在后面。至于提高身体素质的内容，一般把发展速度、平衡的内容放在前面，把发展力量、耐力的内容靠后一些。在安排上应注意新旧搭配、急缓结合，以及对身体不同部位练习的交替进行。

小示例

中班体育活动：撒花瓣（基本部分）

1. 在春天的情境中，幼儿扮演"花仙子"练习反手投掷动作

（1）教师：春天来了，花仙子要把鲜花送给大地。你们知道花仙子是怎样拿花瓣和撒花瓣的吗？

（2）教师示范平甩薄片（反手投掷）的动作：用拇指、食指、中指捏住"花瓣"，手持花瓣屈肘于胸前，手心向上，用力伸臂，向前方投出。

（3）幼儿自由学习反手投掷，掌握屈肘在胸前的动作，教师巡回指导。

（4）幼儿分组站在泡沫垫上，集体练习反手投掷"花瓣"的动作。

2. 游戏：去小动物家撒花瓣

（1）教师介绍游戏玩法：小朋友要经过三条不一样的小路（跳过障碍物、曲线跑、钻山洞），分别向小兔家、小鹿家、小老虎家投"花瓣"，每个小动物家都要去一次。

（2）幼儿自由选择三条小路，去三个小动物家撒"花瓣"，教师指导屈肘伸臂的动作。

分析　该活动以"给大地装扮鲜花"的游戏情境自然引出反手投掷的动作学习，通过示范、自由练习、集体练习来巩固动作的重点技巧。而后运用"去小动物家撒花瓣"的情境，进一步激发幼儿练习胸前反手投掷动作的兴趣。此外，不同路线的选择能使幼儿在趣味游戏中提升身体的综合运动能力。幼儿可在此基础上，继续尝试练习用非惯用手反手投掷和转体反手投掷等动作。

小思考

什么是"急缓结合"？以上的动作练习活动中是否体现了"急缓结合"？为什么？

我这样想

3. 结束部分

结束部分的目的在于有组织地引导幼儿进行放松整理，使幼儿的身体和情绪逐渐放松，恢复至平静状态。该部分一般占总时长的10%—20%。结束部分主要包括放松练习、小结评价、整理等内容。

（1）放松练习。一般选择一些能逐步降低运动负荷的放松活动，比如较安静的游戏、轻松自然的走步、徒手放松练习、简单的律动以及同伴间的按摩活动等。

（2）小结评价。对本次活动进行合理的小结和评价。

（3）整理。组织幼儿收拾和整理活动器材等。

结束部分不可进行运动量大或让幼儿更加兴奋的游戏或活动；可配以轻柔、舒缓的音乐，以达到更好的效果。

▲ 图4-1-8　小结评价

大班体育活动：足球小将（结束部分）

（1）幼儿散点找空位站好，每人抱一个小足球，用球轻拍同伴的肩、背、手、脚等部位，以达到放松的目的，重点进行腿部的放松。

（2）幼儿互相说说在游戏中和同伴一起合作的体验。

（3）师幼一起收拾场地。

分析 结束部分的内容既是对身体的放松，又是对本次活动经验的回顾与反思。在这样自然、轻松、开放式对话的环境中，幼儿通过相互帮助的方式放松身体，一起回忆合作完成任务的过程，既能提升巩固知识点的效果，又能促进团队情感，进一步激发和维持学习的兴趣，指向体育活动"全人发展"的最终教育目的。此外，师幼一起收拾场地也是对幼儿劳动意识、规则意识、合作意识的培养。

基本动作练习活动的三个部分虽然各有目的和要求，但各部分之间是一个紧密相连的整体，都是为实现基本动作练习活动的目标而服务的。基本动作练习活动的结构也不是一成不变的，各部分的内容选择、时间安排等应该根据具体的活动任务、目标、季节气候特点、场地器材条件以及本班幼儿的具体情况灵活地组织和安排。

（二）幼儿基本动作练习活动设计的注意事项

从幼儿身心发展的特点和幼儿园体育活动的客观规律出发，在设计基本动作练习活动的过程中必须注意以下问题。

1. 活动内容的全面性

结合幼儿园体育活动的主要任务，为使幼儿身体的各部位、各器官系统的机能，以及各项身体素质、基本活动能力和个性心理品质得到全面的锻炼和发展，在设计基本动作练习活动时必须注意：既要有发展动作、增强体质、增长知识的内容，也要有培养品德、锻炼意志、发展能力和形成个性的内容。在兼顾全面的基础上，应根据幼儿身心发展的规律和特点，在不同年龄阶段和不同的活动中确定不同的发展重点。

2. 运动负荷的适宜性

在基本动作练习活动中，要根据活动内容、任务、条件和幼儿的身心发展特点等因素，在遵循人体生理机能变化规律的前提下，合理安排基本动作练习活动的强度和密度，使身体的负荷与休息合理地交替，达到适宜的运动负荷量。其中，运动负荷量与活动强度和活动密度有关。

（1）活动强度。活动强度是指单位时间内机体承受一定的外部刺激时所反映出来的内部负荷程度，常用运动前后心率的变化来衡量。一般认为，心率在120次/分钟以下的运动量为小；心率在120—150次/分钟的运动量为中等；心率在150—180次/分钟或超过180次/分钟的运动量为大。对于幼儿来说，整个活动过程中的平均心率在130—160次/分钟为宜[①]。

（2）活动密度。活动密度也称练习密度，是指在基本动作练习活动中，幼儿身体实际运动的时间和活动总时间的比值。具体计算方法为：活动密度＝实际活动时间÷活动总时间×100%。活动密度越大，表明活动量相对越大。在幼儿基本动作练习活动的全过程中，活动密度达50%—70%较为适宜。运动的距离、时间、次数等都是影响活动密度的重要因素。

活动强度和密度是决定运动负荷的主要因素。在基本动作练习活动中，当活动强度大时，就要适当减小活动密度；当活动强度小时，就要适当增大活动密度，以达到适宜的运动负荷。需要注意的是，绝不能让幼儿长时间地从事大强度的运动，因为这会使幼儿承受过大的运动负荷，从而造成身体伤害。例如，幼儿在做快速跑或连续跳跃等大强度练习时，其练习密度可适当减小，练习中应增加休息的次数，教师可在此穿插讲解、示范、评价等内容，严格控制大强度练习的总时间，以符合幼儿的运动负荷曲线规律。

3. 教学方法的多样性

基本动作练习活动的教学方法有很多，每一种方法都有其独特的特点和使用范围，因此，教师要从实际出发，选择有效的方法以适应幼儿的需要。

（1）**示范法**。示范法是指教师（或幼儿）以正确的动作为范例，使幼儿了解动作的形象、结构、要领等的一种方法。

由于幼儿还处于具体形象思维阶段，认识和理解事物更多地依赖于生动鲜明的形象，所以示范在幼儿体育教学中具有重要的地位。根据不同的分类标准，示范法可分为：完整示范法和分解示范法；个人示范法和集体示范法；正面示范法、侧面示范法、镜面示范法和背面示范法；动作示范法和活动方式示范法。教师应根据教学需要，采用适当的示范方式。此外，在运用示范法时应注意以下几点：

① 要有明确的目的性。教师在进行示范时，应明确所要解决的问题，应根据教学任务和幼儿的具体情况来考虑示范什么、怎么示范，让幼儿观察什么、怎么观察。

教新动作时的示范

（1）为了使幼儿建立完整的动作概念，需要用正常的速度做一次完整的示范。

（2）为了让幼儿看清动作的关键要领或某一环节，可以做慢速的、静止的或局部的示范。

（3）有时可边示范边讲解。比如，教师示范从高处往下跳这个动作，那就必须向幼儿讲清楚是看起跳，还是看落地，是看脚和腿，还是看上体和手臂，以避免盲目示范。

---

① 上海黄浦区新建幼儿园课题组.幼儿体育活动负荷与密度适宜性研究［J］.上海教育科研，2001（09）：45.

▲ 图4-1-9 示范法

② 示范要正确，并力求动作轻松、优美、熟练。高质量的示范不仅能使幼儿建立正确的动作形象，而且还可以得到幼儿的赞扬，激发幼儿学习的积极性。尤其是第一次示范，它常会给幼儿留下深刻、鲜明的印象。因此，教师要努力做好示范。教师一般不宜模仿幼儿的错误动作，因为幼儿好奇心强、爱模仿，看了错误的示范会跟着学。有时可让动作做得好的幼儿出来示范，帮助幼儿树立起学习的信心。

③ 注意示范的位置和方向。示范的位置必须有利于幼儿观察。教师应根据不同的队形选择示范的位置，同时还应注意不要让幼儿面向阳光、迎风或面向容易分散幼儿注意力的事物站立。示范的方向（示范面）要根据动作的特点、让幼儿观察的部位而定，主要有以下几种方向：

a. 正面示范。为了突出动作的左右距离感，可采用正面示范。

b. 侧面示范。为了表现动作的前后部位，可采用侧面示范。

c. 背面示范。对于变化比较复杂的动作，可采用背面示范。但因在做这样的示范时，教师不易了解幼儿的练习情况，也不利于及时指导，所以一般不常用。在学习小武术、韵律操、舞蹈等方向路线较复杂的动作时，可让做得较好的幼儿站在前面做背面示范，教师在旁指导。

d. 镜面示范。示范者面向幼儿，动作方向与幼儿一致，即左右相反，像镜子一样反映幼儿的动作，领操时经常采用镜面示范。

④ 示范与讲解相结合。为了让幼儿运用多种感官感知动作，以提升直观教学的效果，在体育教学中，示范与讲解经常是互相结合运用的。至于在具体结合时是先示范后讲解，还是先讲解后示范，或是边示范边讲解，这就需要教师根据教学中的具体情况灵活运用了。

（2）**讲解法**。讲解法是教师用语言向幼儿传授动作知识（技能）、组织教学和进行思想教育的方法。教师在运用时应注意以下四点：

① 讲解的内容不仅要正确，而且要符合幼儿的认知水平。讲解的内容必须正确、可靠，这是保证讲解质量的首要条件。此外，教师需要把抽象的内容讲得浅显易懂，语言生动形象，可借助表情和姿势，说话要有感染力和鼓动性，语音的高低强弱，语流的速度、间隔应和幼儿的心理节奏相适应。

② 讲解要简明扼要、突出重点。由于幼儿有意注意的时间较短，因此在教学中，教师要用简洁的语言达到最佳的讲解效果，不能讲得过多、过细，以免占用过长时间。要达到这一要求，就需要教师把握住活动的难点、重点，了解幼儿的水平，根据教学任务确定讲

什么，并把它概括成精练的语言。

立定跳远的动作讲解

在讲解立定跳远起跳和落地动作的方法、要领时，教师可适当地使用口诀、儿歌或顺口溜等精练的语言，从而帮助幼儿记忆和理解。例如：手臂摆一摆，膝盖弯一弯，双脚用力向前跳，同时落地不摇晃。

③ 讲解要富有启发性。启发的目的就是调动幼儿学习的积极性和主动性。教师要做到这点，就必须熟悉内容和了解幼儿。在练习前，可以有意识地设下"悬念"，让幼儿带着问题去学习；也可以采用提问或讨论的方式来启发幼儿动脑筋、想问题，提高其学习兴趣。问题的设置应避免"是非式"，也不应设置条条框框，不然会达不到启发的效果。

▲ 图4-1-10　讲解法

④ 讲解要注意时机和效果。当幼儿正在做练习、情绪高涨地进行游戏，或是在注意力分散、东张西望、说话时，教师除了适当地做简短的提示外，一般不做讲解。只有当幼儿注意力集中、情绪较稳定，或是有疑惑时再做讲解，才能收到较好的效果。

（3）**练习法**。练习法是根据教学任务，有目的地反复做某些动作的方法。它是掌握动作技能、发展基本活动能力和锻炼身体、增强体质的基本方法。幼儿园常用的练习法主要有以下四种：

① 重复练习法。重复练习法是指在不改变动作结构和练习条件的情况下反复做一个动作的方法。使用重复练习法时，应根据幼儿体力及心理特点确定重复的次数，注意突出教学重点。

② 变化练习法。变化练习法是指变化动作结构和练习条件进行动作练习的方法。比如，改变动作的要素、形式或组合方式，变换练习的环境、器材的高度和器

▲ 图4-1-11　重复练习法

▲ 图4-1-12　变化练习法

▲ 图4-1-13　条件练习法

材的重量等。这种方法的优点是能较好地激发幼儿的练习兴趣，巩固、发展动作，提高运动能力。在运用变化练习法时应注意：所变换的条件、环境、器材等，必须符合幼儿的实际情况和项目特点，要有利于活动的完成，且应是大多数幼儿通过努力能够完成的。

③ 条件练习法。条件练习法是变化练习法的一种，它是指设置一定的具体条件，要求幼儿按规定的条件做动作。比如，在纵跳触物中，有一定高度的物体就是"条件"。这种练习法的优点主要有：

第一，使幼儿感兴趣。比如，原地双脚向上跳的动作比较单调乏味，但当挂上花皮球、小铃铛、色彩鲜艳的画片时，幼儿就会兴致勃勃地跳起触摸。

第二，把抽象的要求具体化。比如，在投沙包时要有一定的出手角度，这个抽象的要求是幼儿不易理解的，但如果在投掷线的前面挂起一根有一定高度的绳子，然后再要求幼儿投沙包时，即让幼儿使沙包从绳子上方飞过——把抽象的要求具体化，这样幼儿就容易理解，也易做到了。

第三，便于掌握正确的动作和提高运动能力。比如，为了让幼儿掌握立定跳远起跳时的摆臂动作，教师可以让幼儿在跳起时摸身前的物体。需要注意的是，设置的条件要符合幼儿的能力和动作规格的要求，并能引起幼儿的兴趣。

④ 完整练习法和分解练习法。完整练习法是把动作完整地进行练习的方法。分解练习法是把完整的动作分解成几个部分，按部分逐次地进行练习，最后再组合成完整的动作进行练习的方法。

完整练习法的优点是能使幼儿完整地掌握动作，它一般用于练习比较容易的动作或复习动作时，它的缺点是不易于掌握动作中较困难的部分或较复杂的动作。分解练习法的优点是把复杂的动作简单化，使幼儿较易掌握，能较好地保证动作的完成质量，一般用于练习较难的动作、改进较薄弱的环节或强化重点环节时。在使用这种方法时要注意：在分解动作时，不要破坏动作的完整性，要注意把分解练习法和完整练习法结合运用。

（4）**游戏法和比赛法。**游戏法是通过游戏的方式，在规则许可的范围内，充分发挥个人的主动性和创造性来完成动作学习的一种方法。在幼儿园体育活动中，游戏法是最常用、最有效的一种方法。它的优点是能引起幼儿浓厚的兴趣，使其产生强烈的练习欲望，提高学习的效果。

比赛法是在规定的比赛条件下，充分发挥已掌握的各种动作，互相竞赛以决胜负的一种方法。它和游戏法有着密切联系，但也有不同之处，主要的区别在于：比赛法具有更严格的规则和"竞争"因素。在比赛时，因为参赛者情绪高涨，对体能的要求较高，所以比赛法一般运用于中、大班。

▲ 图4-1-14　比赛法

运用这两种方法时应注意目的明确、要求具体、规则严格、讲评公正、合理控制运动负荷。

（5）**口头指示法和具体帮助法**。口头指示法是指在幼儿练习动作时，教师用简明、明确的语言对幼儿的活动进行提示和指导的方法。比如，幼儿在排队走步时，教师提醒幼儿："挺胸、抬头""迈大步"。在练习跳远时，教师提示："摆臂""腿蹬直"等。它的优点是明确、具体、及时和针对性强。使用口头指示法时，语言必须简单明确、要求具体，且是幼儿懂得的和熟悉的，此外还应注意声音要有感情和鼓动性，且不要太大和太突然，以免惊吓幼儿，影响活动。在提示幼儿遵守纪律和纠正不正确的行为时，不能用训斥、埋怨和恐吓的语言和口吻。

▲ 图4-1-15　具体帮助法

具体帮助法是指教师直接地、具体地帮助幼儿掌握动作的方法，它多用于个别指导时。比如，幼儿初练踏"石"过"河"时，教师就可用一只手扶着幼儿，帮助他踏"石"，以使幼儿保持平衡和掌握动作节奏，同时还可给予语言信号"左—右—左"。教师在使用具体帮助法时应注意：① 要顺着幼儿的用力方向给予助力。② 要注意站的位置和给予助力的身体部位。③ 助力大小要适当。

五、 幼儿基本动作练习活动的组织与指导

（一）做好必要的活动准备

在进行基本动作活动前，要做好物质、生理和心理等方面的相关准备工作。

1. 物质准备

这里主要指场地和材料的准备。由于基本动作练习活动一般在户外进行，教学环境比较复杂，活动场所和器械的安全问题尤为突出。因此在活动前，首先要充分保证活动场所的安全、适宜，所提供器械的安全、卫生。其次，要根据基本动作学习内容的特点，选择相应的器械，利用场地的条件合理规划活动路线。

2. 生理准备

根据人体生理机能运动变化的规律，在幼儿进行较大负荷的运动前，必须通过热身活动使全身各部位充分活动开。热身活动要根据动作练习目标设置热身动作，为下面的运动环节做好准备。

3. 心理准备

基本动作练习活动必须具有一定的挑战性，但是心理上的挑战对很多幼儿来说是一种困难。因此，在活动前还应该考虑幼儿的心理承受能力，帮助他们做好心理准备。例如，向幼儿介绍活动的内容、难度，让他们做好参与活动的思想准备，以免临时恐慌；鼓励他们积极、勇敢地参与活动。此外，教师要提前了解幼儿的运动能力水平和健康状况，熟悉动作的基本要领和术语，对活动内容的重点指导、难点突破以及如何循序渐进地组织等都要有清晰的思路。

（二）提供适宜的学习支持

在活动中，教师要灵活地运用集体、小组和个别的组织形式，通过观察和分析不同年龄段幼儿的心理、生理和动作方面的特点，提供不同的学习支持。

小班幼儿喜欢角色化的游戏内容，能较快掌握单一的动作，因此，运动形式应以独立运动为主。此外，小班幼儿对于一些技巧性动作不易接受，不喜欢玩角逐、竞赛、运动量大的游戏活动，因此可以让他们通过扮演某一角色，在模仿角色的游戏中练习动作。

小示例

小班体育活动：小蚂蚁运粮食

在活动中，幼儿扮演小蚂蚁，背着一筐"粮食"沿直线跑、穿过矮门、跨过障碍物，保护好"粮食"并将其送到仓库。在这个过程中，幼儿通过角色扮演，自然地练习了背、跑、钻、跨等动作。

中、大班幼儿喜欢开展挑战性强的体育活动，他们不仅掌握了简单的动作，而且活动的创造性大大提高了，因此在活动中，教师要充分尊重幼儿的意愿，引导他们积极探索材料的多种玩法，给他们自主探索和思考的机会，对他们的合理性建议给予支持，以提高他们在活动中的创造性。教师还可以引导他们参与游戏玩法和规则的制定，共同准备游戏材料，提高他们在活动中的主体性。此外，中、大班幼儿对竞赛性运动有兴趣，教师要注重在竞赛性活动环节提高他们的合作意识和合作能力。

小示例

表 4-1-2　幼儿园常见器械的一物多玩

器　械	玩　　法
圈	（1）推圈。手握圈，将圈垂直放置于地面上，用力将圈向前滚动，看谁滚得远，或两人保持一定距离，相互推圈。 （2）转圈。将圈套在手上或身体上（腰、腿、膝盖等），摇动身体，使圈转动起来。 （3）钻圈。将圈垂直竖立在地面上或两人扶圈成"山洞"，其余幼儿从圈中钻出，练习正面钻和侧面钻。 （4）将许多圈放在地面呈一直线或曲线，幼儿连续行进跳或走、跑。 （5）两腿夹住彩圈，使彩圈垂直于地面，双脚向前跳。 （6）拉圈。后一个人将圈套在前一个人的腰上，多个人前后连接，缓慢、有节奏地"开火车"。 （7）滚圈。手拿铁钩推圈，使圈在地面上滚动，人跟着滚动的圈慢跑，努力使圈保持不倒，圈滚得越远越好。
球	（1）自抛自接球。幼儿将球向上抛高，并接住。 （2）滚球。将球置于地面，用手或脚将球向前推，比比谁推得远。 （3）拍球。幼儿原地拍球，看谁拍得多、拍得稳。 （4）踢球。幼儿像足球运动员一样将球踢向一定的目标。 （5）幼儿双脚夹球，努力向前走，球如果落下来则重来。 （6）运西瓜。两名幼儿面对面，相互配合地用胸脯夹球，手放在身后，一边念儿歌"大西瓜，圆又圆，我们把它送回家"，一边把皮球送到对面。 （7）拍球过障碍。将可乐瓶排成一排，作为障碍，瓶子的间距约1米，幼儿拍球绕过障碍。
绳子	（1）跳跳乐。将绳子摆放成各种形状，在绳子两侧进行各种跳跃，如跳进跳出，跳过间距30厘米的两根绳子，跳过间距40厘米的两根绳子等。 （2）踩蛇头。将绳子的一头打个结，一人拿这根绳子的另一头（无结的）抖动，同伴用脚去踩绳子的结；或一人持绳子甩动，使绳子成蛇状，同伴边走边踩晃动的绳子。 （3）抛接绳。将绳子变成绳圈并向上抛，幼儿用手、手臂、头或脚接住绳圈。 （4）冲浪。将幼儿分成两组，一组手拿绳上下、左右地摇晃（作波浪），其他幼儿钻过高浪，跳过低浪。 （5）网小鱼。两人一组，分别拉住长绳的两头作为渔网，其余幼儿为小鱼。小鱼要在场地四周游动，渔网围小鱼，被围住的小鱼暂停游戏一次。 （6）揪尾巴。将绳子的一头插在裤子后面，留出一截作尾巴，玩揪尾巴的游戏。以揪到他人的尾巴多，而自己的尾巴没被揪到者为胜。
梅花桩	（1）走梅花桩。将梅花桩摆成不同的路线，幼儿在梅花桩上走。

（续表）

器　械	玩　　法
梅花桩	（2）站梅花桩。散点式摆放梅花桩，幼儿单脚站立在上面，做各种身体造型，如立正、稍息、抬腿、转体等。 （3）跳梅花桩。将梅花桩摆成障碍物，幼儿练习各种跳跃。
饮料瓶	（1）推高楼。几名幼儿合作将饮料瓶整齐、有序地堆放成"高楼"。 （2）打保龄球。将若干个饮料瓶堆放成"球瓶"，幼儿手拿一个饮料瓶并将其滚出去击打"球瓶"。 （3）穿树林。将饮料瓶间隔摆放成障碍物——树林，幼儿走、跑或跳过障碍物。

小思考 ❓

（1）你还能列举出幼儿园其他常见器械或自制器械的一物多玩方法吗？

（2）你能尝试将两种或者两种以上的器械结合起来，设计一物多玩的体育活动吗？

我这样想

（三）适当控制运动负荷量

在活动中，教师要根据人体机能适应和变化的规律以及幼儿运动负荷的特点，从活动的内容、强度、密度等方面进行调控，使幼儿的运动负荷量适宜。一般情况下，如幼儿有面色稍红，微微出汗，呼吸中速或稍快，动作协调、准确，注意力集中且反应快，情绪愉悦等表现，说明幼儿正处于轻度疲劳状态，这时如结束活动，幼儿的运动负荷比较适宜。

（四）关注幼儿的个体差异

在活动设计的过程中，我们更多关注的是大部分幼儿的共性，往往根据大部分幼儿的实际情况提出要求。但是，我们同样要考虑到集体中运动能力有差异的少部分幼儿，根据他们的个体差异提出不同的要求，在组织活动中创设多层次、难易程度不一的运动环境，鼓励他们不断去尝试多种身体运动。对于一些身体素质差的幼儿或生病初愈的幼儿，可以请他们在运动量大的环节退到场外休息。另外，在指导的过程中也要注意做好个别辅导，发现个别幼儿的动作错误时应及时用语言或动作加以提示，帮助他纠正。只有这样，才能满足不同能力幼儿的个体需要，让他们在原有的基础上获得发展。

活力加油站

小班体育活动：快乐的喜羊羊

基　本　信　息			
活动名称	快乐的喜羊羊	**活动班级**	小一班
执教老师	王老师	**主要领域**	健康、社会

活动设计背景
小班上学期的幼儿刚刚开始适应幼儿园的生活，他们比较喜欢在情境中跟着教师、同伴一起奔跑。但是受年龄所限，他们不能很好地保持身体平衡，在奔跑的过程中经常摔跤或者碰到同伴。因此，教师要引导幼儿在奔跑的过程中注意方向性以及注意避让同伴，这对培养幼儿的观察力和安全意识有一定的帮助。考虑到小班幼儿平日偏好有情境性的活动，所以整个活动引入了幼儿喜欢的动画片，以幼儿熟悉的角色和场景贯穿活动，让幼儿在情境游戏中自然习得动作技能。

活　动　目　标
（1）学习向指定方向直线跑，保持身体平衡。 （2）在跑步的过程中注意避让，不碰到同伴。 （3）体验与教师、同伴共同玩跑步游戏的乐趣。

活动重点、难点	
重点	向指定方向直线跑，保持身体平衡。
难点	在跑步过程中注意避让，不碰到同伴。

（续表）

活 动 准 备

（1）经验准备：幼儿在平时的户外活动中经常奔跑。
（2）物质准备：喜羊羊胸饰（人手1个），村长胸饰1个，毛绒玩具若干，大肥羊学校、绿草地、
　　　　　　　 羊村场景，自编小草藤蔓4条，美羊羊地标，起始线2条，地垫若干，音乐，录音机。

活 动 过 程			
程　序	进　程	时间和次数	场 地 安 排
一、情境导入，激发兴趣，活动身体	1. 教师带领幼儿做热身运动。 师：早上天气真好！羊羊们跟着村长一起来做运动吧！ 幼儿与教师以喜羊羊和村长的角色，一路纵队进入场地内，幼儿散点站立，跟随教师做热身运动，包括：头部、扩胸、摆臂、腹背、跳跃、整理运动等。	约2分钟（1次）	⃝
	2. 带领幼儿熟悉场地布置。 师：现在羊羊们跟着村长去羊村看一看吧！要跟好我噢！ 幼儿跟随教师沿操场顺时针方向依次认识小动物的家、大肥羊学校（轻声慢跑过去）、青青草原（学小猫走）。	约1分钟（1次）	
二、在情境游戏中学习向指定方向直线跑	1. 练习听信号向指定方向跑。 （1）选择一个小动物做好朋友，练习听信号向指定方向跑。 师：小动物们想到我们的羊村来玩。现在我们都去找一个小动物做朋友，找到朋友后请羊羊们回到村长这里。	约1分钟（1次）	
	（2）师幼讨论送动物去大肥羊学校的办法。 师：小动物们很想去我们的大肥羊学校学本领，可是上课时间快到了，我们怎样才能把它们快快地送到大肥羊学校去呢？羊羊们有什么好办法？ 幼儿根据喜羊羊地标站成半圆，教师总结幼儿的方法：快快跑过去将小动物送到大肥羊学校，然后再快快地回到自己的家。	约1分钟（1次）	⌒ ○

（续表）

活 动 过 程			
程　序	进　程	时间和次数	场地安排
	（3）师幼讨论跑步时拥挤、碰撞的问题。 师：刚才羊羊们跑的时候有没有遇到什么问题？	约1分钟（1次）	
	2. 幼儿初步练习向指定方向直线跑。 （1）教师介绍小路并示范玩法。 　师：美羊羊替村长想到了一个好办法，她为了不让灰太狼知道，还在地上做了一条警戒线，等一下我们轻轻地跟着村长走到警戒线后面，去看一看她的方法。 　教师示范：去大肥羊学校有4条路，先选择一条道路跨过警戒线，找到喜羊羊标志并准备好，快快出发跑到大肥羊学校，然后再从原来的小路跑回来。 （2）幼儿分组练习向指定方向直线跑。	约3分钟（1次）	大肥羊学校
二、在情境游戏中学习向指定方向直线跑	（3）集中讨论：有了小路以后，你感觉怎么样？有没有挤到一起？讨论完后，幼儿跟随教师轻轻走至小动物的家，将它们送回。	约1分钟（1次）	
	3. 变换小路，幼儿再次练习向指定方向直线跑。 （1）介绍新的道路。 　师：咦？这儿也有一条警戒线！羊羊们赶紧躲到警戒线的后面，别被灰太狼发现了。去青青草原的小路两边怎么有这么多小草啊？我们应该怎么过去呀？你们有什么好办法？请一组幼儿示范去青青草原的方法：选一条小路，跨过警戒线，找到喜羊羊标志并准备好，从小路中间快快地跑过去，再从原来的道路跑回来。	约1分钟（1次）	

（续表）

活 动 过 程			
程　序	进　程	时间和次数	场地安排
二、在情境游戏中学习向指定方向直线跑	（2）幼儿分组练习直线快跑。 师：小动物知道我们想到了这么好的方法，也想去青青草原玩一玩，那我们先轻轻地把动物朋友抱过来，然后分组带它们去草地上玩一会儿。	约2分钟（1次）	草地路 小动物的家　　草原
三、稳定情绪，放松身心	1. 师：羊羊们今天真能干！既帮助小动物到我们的大肥羊学校去学本领，又送小动物去我们羊村的草地上做游戏，而且还没有被灰太狼发现！我们都累了，跟随村长休息放松一下吧！ 2. 幼儿散点找空地站，随着音乐放松，调整呼吸，重点进行腿部和手臂的放松。 3. 师幼共同收拾场地。	约2分钟（1次）	
活动延伸	在晨间锻炼活动中增加跑道，鼓励幼儿玩小汽车的游戏，让幼儿练习沿指定方向直线跑。		

小思考

　　尝试模拟向幼儿讲解沿着直线跑且不相互碰撞的方法，要求语言清晰、通俗易懂，符合小班幼儿的学习特点。

任务超市

以下为自选任务，请同学们根据自己的学习情况进行选择性操作练习。

1. 模仿案例"快乐的喜羊羊"，选择一个基本动作撰写教学方案，年龄段与主题自选。

2. 撰写一份大班基本动作练习方案，要求发展2—3个动作。

3. 撰写一份一物多玩的体育活动方案，年龄段自选。

任务二　组织幼儿体育游戏活动

案例导入

　　小朋友们在玩民间游戏"跳格子"。其中一组很特别，他们的跳格子游戏叫作"你说我猜跳格子"。游戏的玩法是：两个幼儿组成一组配合完成，由幼儿A站在格子的起点处负责猜，幼儿B站在终点线外负责说。幼儿B根据裁判提供的卡片，用肢体描述卡片中物体的主要特征，幼儿A猜对即可从格子起点向前跳动一步，如果跳错格子，则返回上一格。几个幼儿围拢在一起，神情专注，不时激动地拍手，玩得津津有味的。

　　分析：民间体育游戏是由劳动人民创造的，代代相传的游戏，是一代又一代人的童年美好回忆。随着时代的变迁，民间体育游戏与当今社会文化特征相融合，又焕发出了别样的生命力。它不仅给孩子们带来了欢乐，更能增强体质、磨炼意志，培养幼儿的创新能力和社会交往能力，促进幼儿自然、和谐、全面地发展。教师应有意识地将民间体育游戏的元素融入幼儿体育游戏活动中，在帮助幼儿了解我国传统文化的同时，激发幼儿参加体育活动的兴趣。

任务描述

　　1. 认识幼儿体育游戏的概念。

　　2. 列举幼儿体育游戏的分类。

　　3. 能运用所学知识，较为合理地设计与组织幼儿体育游戏。

　　4. 发掘民间游戏的价值，并尝试运用其开展创新性的游戏教学实践。

知识储备

一、 幼儿体育游戏的概念

　　幼儿体育游戏是以体育运动为基本内容，以游戏为基本形式，以发展幼儿基本动作、增强他们的身体素质为主要目的，且具有一定的情节、角色和规则，有组织、有计划地进行的体育活动。幼儿体育游戏形式生动活泼，符合幼儿的年龄特点，易于激发幼儿积极参加体育活动的兴趣和愿望，能使他们在轻松愉快的活动中，练习各种基本动作，锻炼身体，是幼儿园开展体育活动的基本形式。

▲ 图4-2-1　体育游戏：运粮食

二、 幼儿体育游戏的类型

幼儿体育游戏依据不同的分类标准，可分为以下几种。

（一）按活动性质分类

1. 模仿性游戏

模仿性游戏是通过模仿各种动作，发展基本动作的一种游戏方式。这类体育游戏常伴有儿歌和音乐。例如小班体育游戏"小青蛙"，幼儿通过模仿青蛙跳的动作来训练双脚向前行进跳的技能。

微课讲解
幼儿体育游戏的类型

2. 情节性游戏

这类游戏的特点是有角色，有开始、发展、结束的游戏情节，如"小蝌蚪找妈妈""老狼老狼几点钟""老鹰捉小鸡"等。

3. 竞赛性游戏

这类游戏的特点是，在规定的条件下分出胜负。由于竞赛性游戏强调结果的胜负，而小班幼儿还不太懂，他们的兴趣只在游戏动作和过程本身，所以该类游戏一般不运用在小班阶段。中班幼儿开始注意到游戏的结果，并逐步产生比赛的兴趣，如接力跑时，幼儿会非常兴奋地给同队的伙伴加油，因此可从中班开始选用竞赛性游戏。

4. 躲闪性游戏

这种游戏对训练幼儿的动作灵敏性作用较大，参加游戏的幼儿为了保持不被淘汰，就必须灵活地躲闪。由于这类游戏对各种动作技能的要求较高，如躲闪时不仅要迅速跑步、转身、设法避开等，还要注意不碰撞其他同伴，因此适合在中、大班年龄阶段开展。

5. 球类游戏

如滚球、拍球、抛接球、投篮、踢足球、打乒乓球等。

6. 民间体育游戏

民间体育游戏是指民间世代相传的一些小型体育游戏，如滚铁环、跳房子、踢毽子、跳皮筋、跳竹竿、跳绳、扔沙包、踩高跷等。

▲ 图4-2-2　滚铁环

▲ 图4-2-3　踩高跷

▲ 图4-2-4　跳房子

▲ 图4-2-5　跳竹竿

（二）按基本动作分类

幼儿体育游戏按基本动作可分为走的游戏、跑的游戏、跳跃的游戏、投掷的游戏、钻爬和攀登的游戏、平衡的游戏、悬垂的游戏等。

（三）按身体素质练习分类

幼儿体育游戏按身体素质练习可分为力量性游戏、耐力性游戏、速度性游戏、平衡性游戏、灵敏性游戏、协调性游戏、柔韧性游戏等。

（四）按游戏的组织形式分类

幼儿体育游戏按游戏的组织形式可分为集体性游戏和分散性游戏。

（五）按运动器械分类

幼儿体育游戏按运动器械可分为球类游戏、圈类游戏、平衡板游戏、沙包游戏、垫上游戏等。

三、 幼儿体育游戏的选择

幼儿体育游戏的选择应考虑幼儿的年龄特点、基本动作发展水平和季节特点，同时要注意游戏的选择应由易到难、由简到繁。

（一）根据幼儿的年龄特点选择游戏

由于3—6岁幼儿在生长发育、心理发展、体能和智能水平等方面都有很大的差异性，因此，要根据幼儿的年龄特点选择游戏。

小班幼儿处在行走、奔跑、跳跃、投掷和平衡等基本动作的初学阶段；游戏中的动作还不够自如，缺乏协调性和准确性；喜欢模仿，但注意力不易集中；对游戏中的动作、角色、情节感兴趣，对游戏的结果则不大注意。因此，在选择小班体育游戏时，动作内容和情节都要简单，角色也要少，要便于模仿，规则要容易遵守，每个体育游戏中最好只包含一种基本动作。

中班幼儿的动作有了明显的进步，活动也较协调，而且有信心完成一定难度的动作，比较喜欢有情节、有角色、有追逐性的游戏。因此，可为其选择动作多样化的游戏，并可增加竞赛、规则和角色等元素。

大班幼儿已能较熟练地掌握各动作的基本要领，而且动作显得协调有力、灵活自如，喜欢玩有胜负结果的游戏。因此，可为其选择动作多样化、角色复杂化，具有竞赛性、开放性的游戏。

（二）根据幼儿的基本动作发展水平选择游戏

为发展幼儿某项基本动作而设计的游戏种类有很多，但它们的难易程度不一样，因此，教师应注意根据幼儿的年龄大小，由易到难地选用游戏。比如，为发展幼儿的平衡能力，小班阶段可选用游戏"小熊过桥"，中班阶段可选用游戏"迷迷转"，大班阶段可选用游戏"斗鸡"。

（三）根据季节特点选择游戏

冬季天气寒冷，可选活动量比较大的游戏，如追逐、跳跃等游戏。夏季气温较高，需选活动量较小、比较安静的游戏。

四、 幼儿体育游戏的设计

（一）幼儿体育游戏设计的步骤

1. 确定游戏的任务

幼儿体育游戏的设计要依据各年龄班的基本动作发展目标来确定任务，注意体现全面均衡的要求。

2. 根据游戏的任务选择合适的游戏内容

游戏的内容来源于三个方面：模拟自然现象、模拟动物的各种形态、模拟社会现象和活动。以发展幼儿躲闪跑的能力为例，可以选择模拟小老鼠、小羊等动物进行跑步训练。

3. 把角色的游戏动作情节化并确定游戏的规则

把角色的游戏动作情节化具有激发角色活动动力的作用，同时能增加角色活动的趣味性，而规则的制约性能保证游戏具有良好的组织性和教育性。以小老鼠、小羊的游戏内容和动作为例，可以编出如"猫和老鼠""喜羊羊和灰太狼"等有明确的主题情节和规则的游戏。幼儿体育游戏不只是简单的动作模仿，而是有组织、有发展，有约束性和趣味性的活动。

4. 提供必要的游戏条件

必要的游戏条件包括游戏场地的布置、游戏玩具和器材的准备、游戏前知识与技能的准备等。

（二）幼儿体育游戏的基本格式及范例

幼儿体育游戏的基本格式包括以下内容：

（1）游戏名称（年龄班）。

（2）游戏目标。

（3）游戏准备。

（4）游戏玩法（或游戏过程）。

（5）游戏建议（或注意事项）。

小示例

小班体育游戏：老猫睡觉醒不了

游戏名称：老猫睡觉醒不了（小班）。

游戏目标：练习轻轻地走和跑。

游戏准备：猫的胸饰、纸房子。

游戏玩法：教师扮演"老猫"，蹲在场地中央。幼儿扮演"小猫"，围着"老猫"蹲下。游戏开始时，"老猫"假装睡着了，"小猫"一起轻声念儿歌："老猫睡觉醒不了，小猫偷偷往外瞧，小猫小猫爱游戏，轻轻走到外边去。"念完儿歌，"老猫"倒计时10秒，"小猫"轻轻地走或跑到场地周围藏起来。"老猫"睁开眼睛，说："老猫睡醒四面瞧，我的孩子不见了。"同时站起来向四面张望，寻找"小猫"。被发现的"小猫"必须赶快"回家"。

注意事项：

（1）必须指定幼儿的活动范围，以防走得太远。

（2）幼儿熟悉玩法后，可让幼儿扮演"老猫"。

（3）游戏中要注意安全。

五、 幼儿体育游戏的组织与指导

（一）幼儿体育游戏组织与指导的要点

1. 合理地组织安排游戏

根据游戏的内容、活动量及幼儿的情况，组织安排参加游戏的人数和先后次序；可以组织全体同时进行，也可以分成小组同时或轮流进行。分组游戏人数不宜过多，持续时间也不能太长，这样才能使每个幼儿自始至终地保持积极状态；分组时要注意能力和性别的搭配，使各组水平均衡。介绍游戏时，教师应把幼儿组织起来，排成进行游戏时所需要的队形，最好不要迎风和面对太阳而立，教师应站在所有幼儿都能看得见的位置。

2. 进行游戏的角色分配

合理分配角色能充分发挥幼儿的积极性和主动性，有利于游戏的顺利进行。教师应根据幼儿的年龄、游戏的内容和角色的要求灵活地分配角色。需要注意的是，主要角色往往在游戏中起主导作用，掌握着游戏的进程和情节的发展。在小班体育游戏中，幼儿难以承担主要角色，一般由教师担任；等幼儿熟悉游戏玩法后，也可以由能力强的幼儿担任。在中、大班中，有的游戏可先由教师担任主要角色以作示范，然后由幼儿担任；有的游戏可由教师指定或由幼儿互相推选主要角色，也可以歌谣或游戏的方法选定主要角色。

有些游戏需要选1到2名幼儿担任主要角色，教师在分配角色时，应按照角色要求的难易程度，分别挑选不同能力的幼儿担任。角色难度大时，让能力强的幼儿先担任；角色难度一般时，可以让幼儿轮流担任，特别要鼓励比较胆小、内向的幼儿担任主要角色，让他们在集体游戏中得到锻炼。此外，教师应有意识地通过不同的游戏角色对幼儿进行教育。

3. 讲解游戏动作与规则

在开展新游戏时，要先向幼儿介绍游戏名称和玩法，使他们对游戏有一个全面的印象，然后重点讲解游戏的动作和规则。对于竞赛性、躲闪性、球类等无主题游戏，动作和规则的讲解应该简短、准确，有时可进行适当的示范（教师或能力强的幼儿均可），以便幼儿理解。在小班，动作和规则可在游戏中进行讲解，边玩边指点他们做动作，这样便于幼儿接受；在中、大班，为了检查幼儿对教师讲解的理解情况，可以通过提问来了解。只有让幼儿理解游戏中需要完成的动作和规则，他们才能玩得快乐、顺利。

讲解时，教师的语言要清晰，音量要适中。对于情节性游戏、模仿性游戏的讲解，教师的语言要生动、形象，以激起幼儿的想象和情感，让他们觉得身临其境，从而能更逼真、有效地做好各种动作，完成游戏的任务。在重复玩之前玩过的游戏时，对于小班幼儿，教师可以提示游戏的角色、角色所在的位置和规则；对于中班幼儿，教师可以简单提示规则；对于大班幼儿，教师可以让幼儿自己回忆游戏的内容、动作和规则。这样有利于培养幼儿的独立性，逐步提升他们独立组织和开展游戏的能力。

4. 全面关注游戏的过程

在进行游戏时，幼儿往往因沉浸于情境之中，而忽略动作的规范性和游戏的规则。这时，教师要及时提醒和纠正他们，以达到游戏预设的目的。同时，在游戏中，教师要仔细观察幼儿活动时身体的变化，如出汗、脸红（白）、喘气、动作不到位等，以及时地调整活动量。有时为激发幼儿的兴趣，教师也可亲自参加游戏，但必须是动作正确和遵守规则的模范。

5. 把握结束游戏的时机

教师应选择在幼儿对游戏已感到满足，但又不是很疲倦的时候结束游戏。因为过早结束游戏便不能让幼儿达到锻炼身体的目的，而过迟结束游戏则会让他们过度疲劳，影响健康。

游戏结束的时候，要让幼儿进行放松活动，使脉搏逐步恢复正常。教师还要做简单的小结，可公布游戏结果，也可表扬某些动作做得好、遵守规则、乐于助人的幼儿，同时也应指出个别违反规则或不友好的现象。对于小班幼儿，教师可结合游戏的情节，自然结束。例如：天黑了，小猫快回家吧！幼儿跟随教师离开活动场地，自然地转入其他活动。对于中、大班幼儿，教师可简要小结游戏的情况，肯定优点并指出缺点和需要改进的地方，激发幼儿继续游戏的兴趣和愿望。

（二）幼儿体育游戏组织与指导的注意事项

（1）提供必要的玩具材料。
（2）注意动作和姿势的正确性。
（3）注意掌握活动量。
（4）严格遵守游戏规则。

 活力加油站

中班体育游戏活动：动物之家

一、游戏目标

（1）通过自主探索各种器械的不同玩法，体验身体运动的乐趣，发展爬、跳、平衡等基本动作。

（2）培养自主活动的能力，提高参加体育游戏的主动性、创造性。

（3）增进同伴友情，体会合作的快乐，增强保护同伴的意识。

二、游戏准备

（1）代表三个区的动物标志（羊、兔、乌龟）。

（2）器械：垫子、塑圈、沙包、布袋、绳子、蘑菇墩、奶粉罐、钻洞、呼啦圈、飞盘等。

（3）辅助材料：毛绒玩具、椅子。

三、游戏过程

1. 师幼一起搬运器械入场，引导幼儿选择合适的器械

（1）教师：今天小羊、小兔、乌龟邀请我们去玩，我们一起去好吗？

（2）教师介绍各区场地，并引导幼儿想一想：小兔最爱跳，它会选什么器械玩？ 那么小乌龟、小羊呢？

2. 幼儿分散自主玩游戏

（1）第一次到小动物家玩。教师鼓励幼儿在不同的小动物家尝试多种器械的玩法，并引导其选用辅助物玩，增加游戏的趣味性、多样性。

（2）交流分享：幼儿互相交流刚才在小动物家是怎么玩的。请个别幼儿示范创新玩法。

（3）第二次到小动物家玩（交换场地玩）。

师：刚才我们玩得真开心，现在能不能换一个小动物家去玩呢？看看谁的玩法跟刚才不一样，比比谁的玩法多。

3. 放松身体，收拾器械

（1）再次交流分享。

师：刚才你们又到哪里去了？怎么玩的？请幼儿简单说说，并鼓励和表扬不同的创新玩法。

（2）收拾器械。

师：刚才我们在小动物家玩得很累了，现在让我们回家休息一会儿，请你们一起帮小动物整理好器械再回家好吗？

四、游戏建议

（1）在幼儿第一次到小动物家玩时，教师的观察要点是各个活动区内幼儿的创新玩法有哪些，幼儿是否能合理地使用辅助物配合着玩。

（2）在幼儿第二次到小动物家玩时，教师的观察要点是幼儿有无更换不同的区域玩，幼儿又有哪些创新玩法。

（5）注意安全，预防意外事故。

任务超市

以下为自选任务，请同学们根据自己的学习情况进行选择性操作练习。

1. 根据所学内容撰写一份幼儿体育游戏活动方案，年龄段和内容自选。

2. 根据所学内容撰写一份幼儿自主性体育游戏活动方案，年龄段和内容自选。

3. 搜集当地的幼儿民间体育游戏，选择其中的1—2个进行改编和创新，撰写活动方案，并进行试教。

任务三　组织幼儿早操活动

案例导入

　　早操时间，孩子们开始列队出活动室。小一班的队形是四列五行，两位带班教师在前面做示范，实习生在队伍末尾跟做。在《狗狗减肥操》的音乐声中，两位带班教师全神贯注，她们动作优美、表情丰富，并在部分段落进行了互动式的动作示范。大部分幼儿能认真地看着教师，模仿教师的样子做动作，但还有一些幼儿只是站在原地看着教师，一动不动。一会儿，玥玥哭了起来："老师，佳伟打我。"带班教师赶忙走过去处理，全班幼儿都停了下来，看着他们。

　　分析：组织幼儿早操活动并不仅仅是组织幼儿列队和进行动作示范，还需要教师在带操的过程中与幼儿开展积极互动，如眼神、提示语、肢体互动等，这样幼儿会更主动地参与到早操活动中。另外，由于该小班幼儿人数较少，因此可以采用围成两个圆圈，带班教师分组带操的方式开展早操活动，这样既能避免因空间狭窄而引发幼儿在心理上的不安与肢体碰撞，又有利于教师在带操的过程中对幼儿进行全面观察和及时指导。可见，看起来轻松随意的幼儿早操活动也隐藏着很多学问，需要我们进行深入探究。

任务描述

1. 回忆幼儿早操活动的概念。
2. 概述幼儿早操活动的结构。
3. 能根据所学知识较为合理地设计与组织幼儿早操活动。
4. 在工作场景中认真、细致，善于观察。

知识储备

一、幼儿早操活动的概念

　　幼儿早操活动是指幼儿在音乐、儿歌或者节奏的伴奏下，有组织地在晨间进行的成套

的身体动作练习，是一种全身性的、系统的身体锻炼活动，也是幼儿体育活动的主要内容和组织形式之一。它对于锻炼幼儿的身体、增进幼儿的体质、促进幼儿的身心和谐发展有着独特的作用。

▲ 图4-3-1　幼儿早操活动

二、幼儿早操活动的价值

（一）有助于幼儿在精神饱满、体力充沛的状态中开始一日活动

在早操活动中，幼儿伴随着明快而熟悉的音乐，轻松、愉快地做着各种身体动作，能彻底消除神经系统因睡眠而产生的抑制状态，激发和恢复机体主要器官系统的机能和工作能力，提高整个机体的活动能力，使其逐步进入良好的活动状态，让幼儿在精神饱满、体力充沛的状态中开始一日活动。

（二）有助于培养幼儿的意志品质和良好的个性，养成体育锻炼的良好习惯

早操活动能培养幼儿勇敢、顽强的意志品质和自信心，还能培养幼儿的参与、乐群、合作及群体意识，使之形成良好的个性。开展早操活动能使幼儿从小养成锻炼身体的良好习惯，并使幼儿逐渐体验和认识到体育锻炼是一日生活中不可缺少的内容。

（三）有助于幼儿形成良好的身体形态，增强身体抵抗能力

早操能促进幼儿良好身体形态的形成和身体的正常生长发育，增强幼儿各器官系统的功能，使其动作发展得更协调、更灵敏。早操活动一般是在早晨进行的，这时温度相对较低，空气相对清新，如能坚持做早操可有效提高幼儿适应气温变化的能力。

三、幼儿早操活动的结构

《纲要》指出"健康领域的活动要充分尊重幼儿生长发育的规律"，这就要求早操各环节的安排必须科学、合理，遵循"曲线上升—波形进展—曲线下降"的规律，动静交替，使运动强度适宜。为避免因单纯动作练习而造成的早操生硬、呆板和枯燥的弊端，幼儿的早操活动应包括热身运动、队列练习、操节运动、体能运动和放松运动等内容。

（一）热身运动

热身运动是早操的起始环节，目的在于组织和集中幼儿的注意力，让幼儿尽快进入自己所扮演的角色，诱发幼儿身体各器官组织的机能由较安静状态进入活动状态，为早操和其他身体锻炼活动的开展做好准备，达到热身的目的。

因此在热身运动环节，可以让幼儿在音乐的伴奏下做各种模仿动作或跳一些轻快而简单的舞蹈，也可做一些走、跑（或变速跑）等基本动作练习。在基本动作练习中，教师可以根据幼儿各阶段的动作发展目标，把要求他们掌握的一些最基本的动作自然渗透在早操中，让幼儿在优美的音乐的伴奏下进行练习，提高动作练习的兴趣。基本动作练习可分为无器械与带器械的动作练习两类。无器械的动作练习是指不借助器械，直接利用幼儿的身体进行动作练习（如单脚站立、自转、直线两侧行进跳等）。带器械的动作练习是指借助一定的器械，让幼儿运用器械练习动作。其中的器械可以在同一年龄的几个平行班进行轮换式的定期调整。

（二）队列练习

队列练习是热身运动的延续，可为早操活动做好充分的准备。在早操活动中进行简单的队列练习是非常有效的，幼儿在音乐的伴奏下变换各种动作，其积极性远远超过单纯的口令练习。通过队列变化训练，可提高幼儿对自身与团队关系的认识，发展他们理解指令的能力，也是增进幼儿的团队意识、培养团队合作精神、形成秩序感的重要途径。

在早操活动中，常用的队列指令有：立正、稍息、原地踏步走、齐步走、跑步走、立定、向前看齐、向左（右）看齐等。常见的队形有：排成一路纵队、排成2—6（多）路纵队、排成圆形或半圆形队形、排成密集队形（幼儿围拢在教师周围）、排成分散队形（在一定范围内分散站立）等。教师应根据各年龄班幼儿动作发展的不同水平渗透相应内容的队列练习。

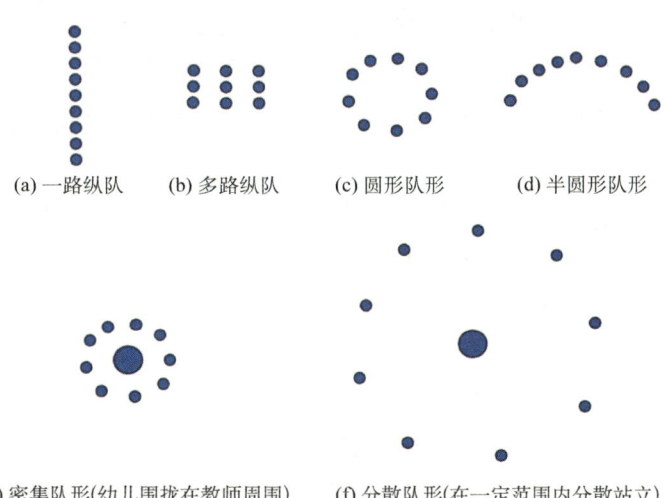

(a) 一路纵队　(b) 多路纵队　(c) 圆形队形　(d) 半圆形队形

(e) 密集队形(幼儿围拢在教师周围)　(f) 分散队形(在一定范围内分散站立)

图4-3-2　队列练习

不同年龄班的队列练习

小班：主要是通过一个跟着一个走圆形、方形来练习队列。

中班：可以进行简单的队形变换。比如切段分队，即从一路纵队变成几路纵队，从纵队变为走圆圈，或是变成立正、看齐、原地踏步、齐步走等。

大班：可以练习左右分队走、并队走、原地向左（右）转、十字队逆时针走等。

（三）操节运动

操节运动是早操活动的主要部分，是锻炼幼儿身体各部位动作的重要内容。教师要根据本地区、本园、本班幼儿的动作发展特点，因地制宜、因人而异地创编幼儿操，以促进幼儿的身心发展。幼儿操节运动常见的类型有模仿操、徒手操和轻器械操三大类。

1. 模仿操

模仿操是通过模仿进行的动作练习，它的主要类型有：动物模仿操、劳动模仿操、生活模仿操等。模仿操的动作夸张有趣、形象生动，能激发幼儿的练习欲望。

2. 徒手操

徒手操是根据人体各部位的特点，按照从上到下，从躯干到四肢，从远到近的运动程序而进行的一种由举、振、屈、伸、转、环绕、蹲、跳跃等一系列徒手动作所组成的动作练习，它的主要类型有：韵律操、武术操、健美操等。

徒手操的内容一般包括：上肢运动、下蹲运动、体侧运动、体转运动、腹背运动、跳跃运动等。不同的年龄班在选择徒手操的内容时有一定的差别：小班可挑选其中的4—5节；中班可挑选其中的5—6节；大班则可以增添扩胸运动、全身运动，并增加同类动作的变化性编排。但这些内容的编排也不是绝对的，还要考虑本园幼儿的实际情况。徒手操动作的编排顺序通常是：上肢—下肢—全身，从运动量小的动作到运动量大的动作。

3. 轻器械操

轻器械操是指幼儿手持各种器械进行的体操动作练习。器械可分为两类：一是有创意地使用日常生活中的物品作为运动早操的器材（如日常生活中的方盒、瓶子等）；二是直接购买的早操运动器材（如哑铃、红旗、棍棒、球、绳等）。对于轻器械操，还应该注意以下几点：

（1）器材要美观、经济。

（2）可以利用一些无毒的废旧物品作为器材。

（3）挑选器材时还应考虑其是否有利于幼儿动作的发展，要避免因使用器材而限制了某些动作要素等情况。

（4）所选器材应尽可能是多功能的，且具有一定的重量，以增加幼儿的运动量。

（5）所选器材应尽可能是能发出声音的，以激发幼儿的兴趣。

一般情况下，小班幼儿应以做徒手操和模仿操为主，中班和大班幼儿均以做徒手操和轻器械操为主。

（a）模仿操　　　　　　　　　（b）徒手操　　　　　　　　　（c）轻器械操

▲ 图4-3-3　各类操节运动

（四）体能运动

体能运动作为操节运动的补充，目的是让幼儿在音乐的伴奏下，利用身体或器械来练习走、跑、平衡、跳和钻等动作，以发展幼儿基本动作的协调性、平衡性和运动能力，达到一定的运动量，提高幼儿的体能。由于幼儿对游戏的兴趣远远超过其他活动，因此，利用游戏有利于激发幼儿对早操活动的兴趣，提升他们参与活动的积极性，进一步提高早操的锻炼价值。早操中的体能运动一般采用密度大、时间短、器械少、动作简单、角色少、运动量大、运动频率高、趣味性强的体育游戏，或是一些运动量大、情节简单的音乐游戏。为了增加游戏的趣味性和互动性，往往需要借助一定的器械或道具。

小示例

天线宝宝去避雨

在游戏中，小朋友们扮演天线宝宝。当听到打雷下雨的音乐时，就要跑到大雨伞下去避雨；当听到放晴的音乐时，就要从大雨伞里钻出。大雨伞有一定的隐蔽性，既能够很好地满足幼儿在游戏中躲藏的需要，又增加了游戏的趣味性，让幼儿愿意并积极地参与到游戏中来。

▲ 图4-3-4　天线宝宝去避雨

（五）放松运动

放松运动是早操活动的结束部分，目的在于让幼儿以良好的身体与精神面貌，开始一天的幼儿园生活。反之，如果早操的放松阶段没有做好，可能会造成幼儿疲劳或亢奋的情况，影响接下来的其他教育教学活动。同时，适当的放松能调节运动量高峰前后的运动负荷差，使运动量起伏得当。放松运动一般在一些轻松愉快的气氛中进行，使身体机能由较兴奋的状态逐步转入安静的状态。

四、 幼儿早操活动的设计

（一）幼儿早操活动的设计原则

微课讲解
幼儿早操活动设计

幼儿早操活动的设计除了应该体现简单易学、活泼可爱、协调优美、节奏鲜明等特点之外，还应该符合幼儿身心发展的特点和人体运动学原理。具体需要关注以下几个方面的问题：

1. 全面性

早操活动对于幼儿的全面发展有两层含义。一是指早操应该促进幼儿身心的全面发展，即所设计的早操不仅要增强幼儿的体质，而且要促进他们在认知、情感、态度、社会性等方面的健康发展。二是指在早操中要尽量保证幼儿身体锻炼的全面性。幼儿身体各器官、各系统还处在发育阶段，尚不完善。在早操活动中，如果只注重幼儿某些部位的练习而忽略其他部位的锻炼是不科学的。因此，在选择早操动作时，要将头、颈、上肢、下肢、腰、背、腹部及全身性的练习都综合、均衡地进行设计，每个部位要尽可能全面而对称，做到动静交替、大肌肉活动与小肌肉活动交替。

比如，在热身运动、队列练习中设计了跑动、跳跃（双脚或单脚）、穿梭和钻洞的大动作，那么在操节运动环节除了设计头颈运动、上肢运动、扩胸运动、下肢运动等涉及全

（a）

（b）

▲ 图4-3-5　早操活动

身肌肉运动的大动作外，还要增加一些包括手部和脚部等精细动作的练习，使幼儿身体各部分的肌肉、关节、韧带以及内脏器官和系统都得到充分、全面、均衡的发展，避免动作设计的片面性和不均衡性。

2. 适宜性

由于不同年龄班幼儿的运动能力存在着一定的差异，因此在设计早操活动时，要根据幼儿的年龄提出不同的要求，以符合各年龄段幼儿的特点。小班的早操宜简单、易学和富有趣味性，能边念儿歌或边听音乐做徒手操、模仿操；中、大班幼儿已经具备一定的运动能力和自我控制能力，可以要求他们随音乐节奏较准确地做徒手操或轻器械操，动作有力、到位，整体效果统一、规范和整齐。因此，在设计不同年龄班的早操时，应该从早操类型、动作难度、内容数量、拍数、节奏、负荷量和时间等方面来进行区分，如表4-3-1所示。

表4-3-1　各年龄班早操设计对比

年龄班	早操类型	动作难度	内容数量	拍数	节奏	负荷量	时间
小班	以模仿操为主，可以做简单的徒手操	动作较简单，变化小，以对称动作为主	每套操安排6—7项内容	2×8拍，或者按照歌曲的内容	较慢、变化小	一般；心率为130—140次/分钟	8—9分钟
中班	以徒手操为主，可以做简单的轻器械操	动作有一定难度和变化	每套操安排7—8项内容	2×8拍	有快有慢，有一定变化	增大；心率为135—145次/分钟	9—10分钟
大班	以轻器械操为主，徒手操一般采用韵律操、健美操、武术操等	动作难度较大，变化较多	每套操安排8—9项内容	4×8拍	有快有慢，变化较多	较大；心率为140—150次/分钟	11—12分钟

3. 趣味性

运动心理学和身体活动理论表明：幼儿的运动兴趣和动机主要是由动作、器械等认知和操作对象引起的，而不是由活动发展性结果引起的。如果这些对象对他们来说缺乏认知吸引力，就不可能引起他们的兴趣和动机，活动起来也就没有内驱力，自然也就不会主动、认真地去完成。因此，教师所创编的早操应该从内容、动作、器械等方面体现其趣味性，进而激发幼儿的兴趣。

从内容上看，由于幼儿对游戏活动非常感兴趣，教师可以在早操中设计生动有趣的游戏内容，以游戏活动贯穿始终，让幼儿在游戏的过程中发展各种基本动作。

捕　鱼

幼儿分别扮演小鱼和渔网，歌曲响起，"小鱼"随歌曲自由、分散地在渔网里游来游去。当歌曲唱到"快快抓住"时，扮演渔网的幼儿迅速蹲下，用手套住"小鱼"，"小鱼"在这个过程中要快速躲开，以免被抓住。

▲ 图4-3-6　"捕鱼"游戏

从动作上看，由于幼儿喜欢模仿，喜欢形象的动作，因此，教师可以安排一些包含具体动作的活动内容。

碰 — 碰

幼儿根据音乐节奏任意找一个朋友自由地做拍手、碰鼻尖、碰碰脚、碰碰背等碰撞对方身体的动作，以此增强同伴之间的感情。

从器械上看，器械发出的声音能够激发幼儿的兴趣，因此，可以适当地在器械上绑上铃铛，装上豆子、米粒，或者设计击打器械的动作，以增加动作的趣味性。此外，通过让器械发出声响的方式不仅可以提高幼儿对早操活动的兴趣，同时也能提高幼儿动作的准确性。

4. 教育性

早操活动不单是为了锻炼身体、增强体质，它同时兼顾磨炼意志，以及让幼儿友爱合作、自信乐群等目标。因此，在早操活动中，教师应有意识地渗透美的教育、爱的教育、社会文化的教育等。比如在放松环节，幼儿在欣赏音乐的同时，能通过动作与同伴进行交流、互动，这可以促进他们的社会性发展。再如，可以在大班早操活动中编制京剧动作，配以激昂高亢的音乐，从而激发起幼儿的民族自豪感。

5. 科学性

在设计早操活动的内容时，应合理安排和注意调节幼儿运动时身体和心理所承受的负

荷量，注意设计的科学性。（注："适宜性"中已简单介绍了负荷量，这里将做具体介绍）

（1）要根据身体锻炼的内容、运动项目的特点及幼儿的年龄差异合理地确定早操活动的运动负荷量，包括练习的距离、次数，以及间隔的频率、持续活动的时间、练习的密度、活动的强度等，要求做到"密度高、强度低、时间短、节奏强"。

（2）身体活动的运动量应注意由小到大逐步上升，并在活动结束前逐步下降。因此，幼儿早操各环节运动负荷量的曲线变化必须遵循"曲线上升—波形进展—曲线下降"的一般规律。

（二）幼儿园早操活动的设计流程

为了更好地体现幼儿在早操中的主体性地位，教师应尽可能地根据幼儿的生活经验、兴趣爱好，与幼儿共同确定一个主题内容作为早操的支架，同时整合各种教育资源，围绕音乐的选取、器械的制作和运用、动作的设计、游戏形式和规则的制定等内容，与幼儿进行积极的互动，共同形成早操的初步方案，并在不断调整的过程中逐步完善。具体的设计流程有以下几点：

1. 确定内容

一套操由哪些内容构成，每个内容又安排在整套操的什么环节，这些都要根据运动曲线规律来设计，即"曲线上升—波形进展—曲线下降"，这样才能体现早操的科学性，符合幼儿动作发展的需要，达到预定的锻炼价值。

根据运动量进展的曲线规律及幼儿运动负荷量的特点，各年龄班幼儿早操的平均强度应有所不同，具体参数见表4-3-1中的"负荷量"。此外，按照幼儿的机体特点，早操中各内容的运动负荷强度必须有三种，即高、中、低，高心率要求达到160次/分钟以上，中心率要求达到145—160次/分钟，低心率则在130—145次/分钟，各年龄班应有所不同。值得注意的是，高心率持续的时间不要超过1分钟。低强度的内容可安排在热身运动、队列练习和放松运动环节，中、高强度的内容可安排在操节运动和体能运动环节。

另外，还应该根据早操的主题，选择和确定各环节的内容，并在设计时尽可能地与幼儿进行互动，将无具体意义或不易理解和表现的内容调整为有一定主题思想、易表现的内容，让幼儿主动参与其中，了解早操各内容的意义。

小示例

我 爱 我 家

在早操活动"我爱我家"中，教师在第一个环节选择了儿歌表演"办家家"。幼儿通过扮演爸爸、妈妈，模仿他们洗菜、切菜、炒菜、端菜等幼儿熟悉的生活内容，在早操活动中找到了"家"的安全感和亲切感。这样的内容能够与幼儿的生活、学习联系起来，调动他们参与早操活动的积极性和主动性。

▲ 图4-3-7　早操动作

2. 设计动作

动作的设计要从幼儿的实际需要出发，做到简单、大方、优美、轻快、活泼、容易到位，富有模仿性和表现力，且具有一定的强度。有些动作可以让幼儿自行创编，再由教师进行综合与提升，切忌从教师的角度去设计幼儿早操的动作。同时，要注意动作设计的合理顺序，一般要按照从上到下、从四肢到躯干、从局部到全身、从简单到复杂、从容易到困难的顺序来设计。

操节的重点在于引导幼儿通过肢体活动创造、再现生活中喜爱的人、事、物，使操节活动具有新的生命力。因此，在设计操节动作时，要准确把握好动作设计的步骤和要领。

第一，合理确定操节的节数、内容、顺序及每节的组合数和节拍数。

第二，设计好操节主要动作的性质、幅度、方位、路线、速度和数量。

在整节操中，应保证主要动作的次数，协同和支撑动作应有利于加大主要动作的幅度与力度，提高锻炼的效果。就幼儿而言，操节应以屈、伸、举、踢、转和模仿性动作为主，逐步增加绕、绕环、单脚支撑等动作。创编操节时，应强调身体姿势的准确、自然、协调，以大肌肉群活动为主，注意选编能有效促进幼儿胸廓和脊柱发育，形成正确身体姿势的动作。动作方向应以前、上、侧方向为主，然后逐步增加其他方向的动作。动作的幅度不宜太大，以身体平衡、自然协调为宜。运动的路线变化不宜过多，并注意动作的对称性。

表4-3-2　幼儿早操活动操节动作设计参考

运 动	动作类别	动作形式与方向
头部运动	屈	前屈（低头）、后屈（抬头）、侧屈（左、右屈）
	转	向左、右转
	绕环	向左、右绕环
上肢运动	臂的举、摆、振、屈伸	臂前举、摆、振、屈伸，臂后举、摆、振（结合其他运动）、屈伸；臂上举、摆、振、屈伸，臂侧举、摆、振（结合其他动作）、屈伸；臂斜上举、摆、振、屈伸，两臂同侧举、摆、振等
	臂绕环	向前绕环、向后绕环、向内绕环、向外绕环、同侧绕环、"8"字绕环、前臂绕环、小绕环、轮流绕环等
	臂侧开	前举侧开扩胸、前平举侧开扩胸、前举交叉侧开扩胸等
下肢运动	腿的举、摆	腿前举、摆动，腿后举、摆动，腿侧举、摆动，屈膝举、摆，踢腿（高摆腿）

（续表）

运　动	动作类别	动作形式与方向
下肢运动	腿屈膝	起踵、半蹲起立、深蹲起立、单腿蹲起、前压腿、后压腿、侧压腿、半劈腿、劈腿（高摆腿）
	腿移动	前点地、后点地、侧点地、前后开立、左右开立、前弓步、侧弓步、后弓步、斜弓步
跳跃运动	单脚跳	交换跳、点地跳、转身跳、移动跳、踢腿跳
	双脚跳	前后开合跳、左右开合跳、前后交换跳、左右交叉跳、转身跳、移动跳、向上跳、蹲跳
躯干运动	上体屈伸	体前伸、体后屈、上体左侧屈、俯卧体前屈等
	体转	身体向左转、向右转
	体绕环	上体向左绕环、向右绕环
	体倾倒	身体向前倒、向后倒、向侧倒；俯撑、仰撑、侧撑、直角坐平衡、俯平衡（燕式平衡）、侧平衡等
组合与变化	身体各部位动作	身体各部位动作的组合；各类动作的结合；不同方向的结合；动作的节拍、速度、次数、开始姿势的变化以及人数、队伍的变化等

第三，注意发挥和发展肌肉的弹性。教师在设计操节动作时，应注意让幼儿预先拉长用力肌群，再用力收缩，所以应多设计一些弹性屈伸和下肢弹动动作。

第四，在早操动作的设计上要避免过于舞蹈化。早操活动的主要目的是增进幼儿的体能和运动能力以及发展幼儿的动作协调性，需要达成一定的运动量，因此，无论是模仿动作，还是扩展动作，均应有适宜的运动强度。然而，舞蹈相对操节来讲比较柔美与舒展，在运动量及运动强度上无法达到提高幼儿体能的效果，因此，舞蹈动作适合被设计在早操的放松环节，而其他环节都应该设计一些运动密度强的动作。

3. 选择音乐

幼儿早操是一个整体的活动，音乐在这个活动中起着穿针引线的作用。把早操内容与早操音乐串接在一起，能描绘出特定的情境，为原本单调机械的动作训练赋予鲜活的思维意境。音乐不仅能有效地增强幼儿的节奏感、韵律感，而且能给幼儿无限的想象空间，让他们在自己想象的情境中体验艺术美与形体美带来的愉悦感，激发他们参与早操的热情，加快掌握体操动作的速度。一般而言，选择音乐的原则

▲ 图4-3-8　音乐赋予幼儿想象空间

是：先有操，再选择音乐；音乐配操，而不是操配音乐。一旦早操主题和内容确定后，就应该选择与早操主题匹配的音乐，通过音乐创设一种运动意境，激发幼儿参与运动的意愿，并在音乐的映衬下达到愉快运动的目的。

因此，早操活动应该选择活泼轻快、节奏鲜明、旋律优美动听的音乐来伴奏，每一个环节的音乐又必须符合该环节的内容、性质和特点。比如，操节运动适合选择节奏明快，每个乐句为四小节的2/4拍音乐（各年龄班可有所不同），队列练习要选择进行曲风格的音乐，体能运动则要选择较为自由、流畅的音乐，放松运动环节则适合采用舒缓柔和的音乐。

同时，还应根据整套操的主题需要，选择与内容一致的音乐。比如，主题操"喜迎奥运"，可选择《中国足球》《娃娃进行曲》《好小子》《奥运圣火》《茉莉花》等颇具中国元素的音乐。如果只是将几首好听的音乐简单地拼凑在早操的几个环节里，就会造成音乐内涵及风格差异性大，不能很好地体现各环节之间的有机联系的情况。另外，教师可选择一些简单易学、朗朗上口、贴近幼儿生活的音乐和儿歌，如《天线宝宝》《喜羊羊与灰太狼》等，这些幼儿耳熟能详的动画片音乐，具有动感强、节奏明快、内容诙谐等特点，容易引起幼儿的共鸣。最后，还应注意音乐的音频高低、配器相对一致等问题，以免出现不协调的现象。

4. 准备器械

早操器械的合理使用，能够大大提高幼儿参与早操的兴趣。一般情况下，早操的器械包含基本动作训练的运动器械、游戏的辅助器械和做操用的手持器械三类。在确保器械安全、美观的前提下，应就地取材，收集无毒无害的废旧物品，引导幼儿共同自制器械，促进幼儿的创造力和动手能力。在这个过程中，所使用的器械应充分体现低结构、科学化、动态化和层次化的特点。

（1）低结构。低结构是指所提供的器械能够被挖掘出多种玩法和功能，实现一物多用。

小示例

> #### 千变万化的水管
>
> 变化一：将水管拼接成长条，放在地上可以用于跨跳。
> 变化二：两人面对面站立，将水管搭在肩上可以作为山洞，其他人从山洞钻过去。
> 变化三：可以将水管当绳子，用来玩拔河。
> 变化四：将水管围成圈放在地上，做跳跃的动作练习。
> 变化五：将水管套在他人的腰间就可以成为一列火车，竖起来又可以钻。
> 变化六：将水管截成六小段，并用两根绳子将其两端分别串在一起，可以用来练习手臂拉伸动作。

▲ 图4-3-9　千变万化的水管

关于器械的多种玩法，可以由教师在早操中引导幼儿一起去探索和发现。

（2）科学化。科学化主要考虑的是器械是否安全牢固，大小、轻重是否适宜，是否方便幼儿抓握、做动作，以及是否有利于幼儿动作的发展。

（3）动态化。早操所使用的器械不是一成不变的，而是随着幼儿动作的发展进行定期更换或重组的，可以补充新内容、新玩法，也可以在平行班之间互相交换，这样才能发挥器械的最大功效。

（4）层次化。层次化是指根据幼儿能力的差异提供不同的器械。

5. 记写动作

通常情况下，整套操节动作的记写建议安排在幼儿学习后且动作无须修改的时候。操节动作的记写应包括以下内容：

（1）早操的名称。

（2）每节操的动作名称和拍数。

（3）每节操的预备姿势、节拍数。

（4）动作说明（包括动作要点、要求、图示等）。

小示例

第三节　扩胸运动

第一个八拍：

1—2拍：左臂胸前平屈后振扩胸一次，五指分开，掌心向内。

3—4拍：右臂胸前平屈后振扩胸一次，五指分开，掌心向内。

5—6拍：两臂胸前扩胸两次。

7—8拍：双手胸前拍掌三次。

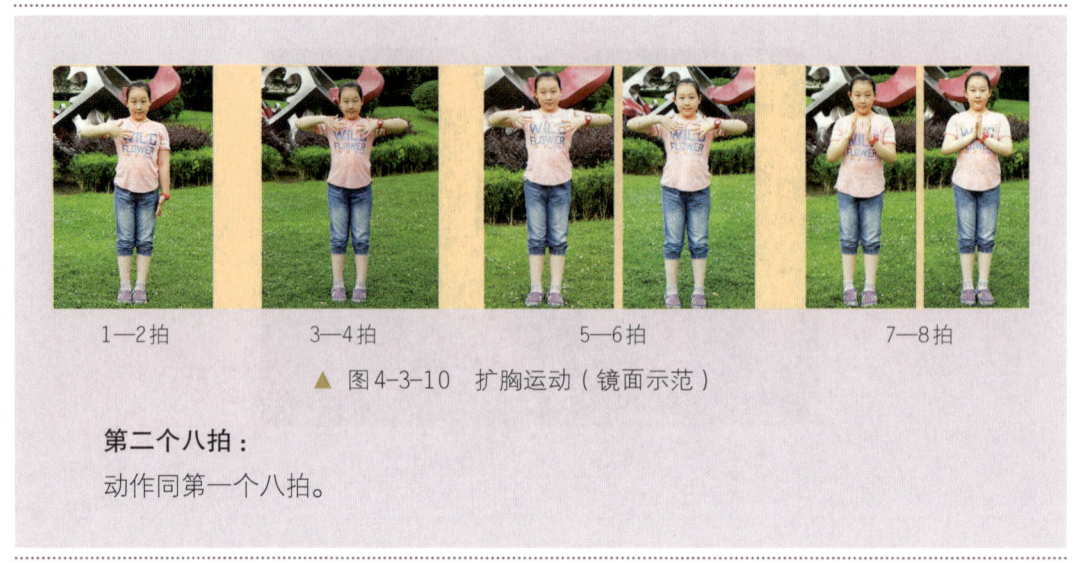

1—2拍　　　3—4拍　　　　5—6拍　　　　7—8拍

▲ 图4-3-10　扩胸运动（镜面示范）

第二个八拍：
动作同第一个八拍。

五、 幼儿早操活动的组织与指导

（一）幼儿早操活动的准备要求

在组织幼儿进行早操活动前，教师应该做好一系列的准备工作，为早操活动的顺利开展创造条件，确保幼儿在安全有序的活动环境中进行早操活动。

1. 考察早操活动的场地

早操是在户外场地上开展的活动，场地的安全、班级间进退场线路的合理安排、不同环节活动范围的设定、器械摆放间距的适宜性等问题都是准备工作的重要内容。由于幼儿动作的准确性和协调性还有待发展，早操活动中的碰撞和跌倒时有发生，因此，幼儿早操活动的场地应以草地、泥地、塑胶地为宜。有条件的幼儿园可铺设塑胶地，缺乏条件的幼儿园可合理利用园内现有的资源和场地，在全面排除场地安全隐患的前提下，带领幼儿在舒适的草地、泥地上进行早操活动，不必拘泥于整齐、规则的场地。另外，教师应该根据场地的实际情况，通过观察、讨论和测量，确定适宜的早操进退场路线、活动范围以及器械摆放的位置，调整列队的行距与间距等，确保幼儿早操活动的安全。

2. 准备适合运动的服饰

在早操活动前，要全面检查幼儿穿戴的服饰是否合适，看看他们的鞋带是否松散，衣衫是否整齐、便于运动，是否需要增减衣服等，教师也应该穿上便于运动的服饰和鞋子为幼儿做示范，带领幼儿积极地进行早操活动。

（二）幼儿早操活动的指导要点

1. 进行规范正确的动作指导

早操活动应以培养幼儿正确的身体姿势为主要目的。教师要以自身规范、准确的动作进行引导，做到运动部位准、路线清、有一定幅度，尤其要指导幼儿注意不同动作的用力特点和动作要领。比如：体侧运动的用力点在腰部；体转运动只能转动身体，不移动脚的位置；做腹部运动时，膝盖不可弯曲。在指导的过程中，教师往往需要运用直观形象的语言进行讲解，配合规范的动作进行示范。但是，与此同时，教师也需要正确地把握讲解与示范的占比，如幼儿年龄越小，讲解的成分越少，示范的成分越多。此外，教师还要提高幼

▲ 图 4-3-11　正确的动作指导

儿体育活动的理论水平，掌握他们的身心发展规律，了解各年龄段幼儿早操的特点，在早操活动中提出具体、明确的动作要求，运用新颖、多变的指导方式来吸引幼儿的注意，使他们能主动地集中注意力，认真参与早操活动。

2. 采用灵活多样的组织形式

幼儿的早操活动应将教师有组织的直接指导与教师在幼儿自由活动中的间接指导有机地结合起来，将集体活动、小组活动与个别活动有机结合，以适合不同活动内容的不同要求，并灵活运用多种形式，激发幼儿的积极性，提高幼儿活动的主动性、独立性和创造性。比如：操节环节可以让幼儿按照不同的标准来做；游戏环节可以让他们自由选择游戏伙伴，可以是一对一的个别活动、三五成群的小组游戏，也可以是打破班界的集体游戏；放松运动环节则可以让幼儿在音乐的伴奏下，按照自己的想象和理解自由创编一些放松整理的动作。此外，不同年龄班的早操组织形式应该有所不同，如小班以自主活动为主，中班可以增加一些合作活动形式，大班可适当增加集体活动的占比。

小资料

表 4-3-3　幼儿早操活动的评价标准

项　目	标　　准	分值	得分
主班教师	按时组织幼儿入场并进行早操锻炼	5	
	情绪饱满、精力充沛，具有亲和力，能感染并带动幼儿积极地参加早操锻炼；服装得体，适合运动	5	
	示范动作准确、到位、有力，并有较好的节奏感	5	

（续表）

项　目	标　　准	分值	得分
主班教师	能全面观察幼儿，示范指导到位，指令清楚、准确，保证早操活动能完整、流畅、有序、有效地完成	10	
	在早操的组织过程中，能够张弛有度，创设认真、有序、活泼、宽松的活动氛围	5	
幼儿	积极参与、认真投入，对早操活动感兴趣	5	
	动作的完成度好（小班：基本正确、到位；中班：正确、整齐；大班：规范、有力）	5	
	在队形练习中，走、跑等基本动作正确、到位，间距适中，能根据指令整齐有序地进行队列、队形变化	5	
	早操常规规范、有序（如早操站位、器械取放、进场、出场等）	5	
材料和场地	早操场地具有安全性和合理性，器械摆放位置适宜，幼儿间距适中，便于运动	5	
	材料安全卫生，方便操作和使用，且适合本年龄段幼儿动作发展的特点	5	
	器械有趣、新颖，功能性强，能一物多玩	5	
编排	操节动作编排科学、合理、全面，动作美观、难度适中、节奏感强，符合幼儿年龄和动作发展的特点，能达到全身锻炼的目的	5	
	队列、队形富于变化，能充分利用场地，能激发幼儿参与队列练习的积极性	5	
	能根据幼儿身体发展及运动的特点设置运动量，强度、密度适中	5	
副班教师	有安全保护意识	5	
	以自身积极、热情的情绪感染幼儿	5	
	注意观察幼儿，及时纠正、指导幼儿的早操动作，不断提高早操质量	5	
	对幼儿进行生活护理，注重对体弱儿、生病儿的照顾	5	

（三）幼儿早操活动的调整方法

一般情况下，早操活动中的操节运动部分应一学期更换一到两次，其余几部分可以作为机动内容，每月更换一次。比如，各班教师可根据本班实际及每月体育活动的目标更换幼儿感兴趣的体育游戏，重点训练走、跑、跳、钻爬、投掷等基本动作，有目的、有计划、循序渐进地提高他们动作的灵敏性、协调性，尽最大努力丰富早操内容，以提高幼儿做操的积极性和做操的能力。同时，要根据幼儿在活动中的运动负荷量，对早操的熟练程度以及季节特点等因素不定期地调整早操内容。

1. 根据幼儿的运动负荷量进行调整

除了按照一定的曲线规律来判断一套操的运动负荷量的高低外，还必须在幼儿掌握了整套操后，通过测试来了解他们的实际运动负荷量是否符合人体的运动负荷曲线规律，不适合的地方要及时调整，以体现早操的科学性。

（1）测试方法。

① 号脉法：以右手食指、中指和无名指轻轻按住幼儿前臂（左右均可）外侧靠近手腕的动脉，用秒表或有秒针的手表计时，测量10秒内幼儿的脉搏次数。

② 听诊法：将听诊器放在幼儿胸部，测听幼儿的心跳，计算方法同号脉法。

③ 心律测量仪：将心律测量仪佩戴在幼儿身上，通过信号接收来测量心率的变化。

（2）测试步骤。

① 选择动作技能适中的男女幼儿。

② 每个内容结束后各测一个孩子（在操节部分的第三节和第六节结束后各测一次）。

③ 用2—3天的时间，每个内容测试3—4名幼儿，计算负荷量，具体方法为：

a. 以10秒为单位，以"脉搏次数×6"来计算幼儿在该活动中的运动负荷量。

b. 将3—4名幼儿的运动负荷量相加，以"相加的结果/人数"来计算幼儿在该活动中的平均运动负荷量。

c. 将所有内容的平均运动负荷量相加，以"相加的结果/内容数"来计算整套早操的平均运动负荷量。

2. 根据幼儿的熟练程度进行调整

幼儿的动作发展是一个渐变的过程，从初学早操的生疏到后来的熟练，幼儿需要一定的时间来掌握一些难度较大的动作。因此在早操编排成型后，教师要充分考虑幼儿动作发展的特点，允许早操留有持续发展的余地。当幼儿熟练掌握后，还要通过改变游戏的玩法或者提高动作的难度等形式进行调整。

小示例

跳　绳

由于大班幼儿对跳绳技能的掌握需要较长的时间，因此在早操时的跳绳游戏环节中，教师最初只要求幼儿一个个从荡起的绳子下面钻过，等幼儿掌握了跳绳的技能后，再让他们从绳子上一个一个地跳过，直至掌握最后的花样跳绳。

3. 根据季节和气候的变化进行调整

在组织幼儿早操时，还要根据不同的季节和气候，调整早操的时间和内容。在冬季进行早操活动时，时间可适当长些。另外，如果冬季天气特别寒冷，早操活动也可调整为课间操，并与上午的户外体育活动结合起来进行。早操应坚持在户外进行，但若气候条件较差（如雨雪天或大风等），也可让幼儿在室内或走廊里做操。在天气炎热的夏天，应取消运动量大的奔跑性游戏，适当减少早操的时间。

 活力加油站

大班早操活动：中国娃

一、早操目的

（1）发展正确的身体姿势，形成健美的体态。

（2）发展力量、灵敏等身体素质。

（3）培养集体意识和懂礼貌的品质。

二、早操时间

12分钟。

三、早操流程

1. 热身运动：快乐的一天开始了（2分钟）

听音乐以一路纵队小跑入场，迅速围成一个圆圈。教师站在圆圈中心，幼儿以圆形队伍顺时针快跑，当听到歌词"快乐的一天开始了"后，幼儿迅速向圆圈中心靠拢，然后根据歌词提示分别向老师和同伴问候，做招手动作。问候结束后恢复到原来的圆形队伍。

2. 队列练习：加油歌（2分钟）

听音乐向排头兵靠拢，变成两路纵队，两队幼儿分别到前面的篮筐里取一个沙锤，根据教师的哨音提示，边摇沙锤边练习变换队形，队形具体变换方式如图4-3-12所示。

3. 操节运动：中国功夫（4分钟）

第一节：冲拳—亮掌—勾手（两个八拍）。

预备姿势：并步直立抱拳。

（1）两拳向前平直冲出成平拳（拳心向下），目视前方。

（2）还原成预备姿势。

（3）两拳同时向左、右平直冲出成平拳，目视前方。

（4）还原成预备姿势。

（5）两拳变掌，两臂体前交叉（左掌在上），掌心向内。

（6）两臂向下经体侧抡摆至上举部位，抖腕亮掌，仰头，目视指尖。

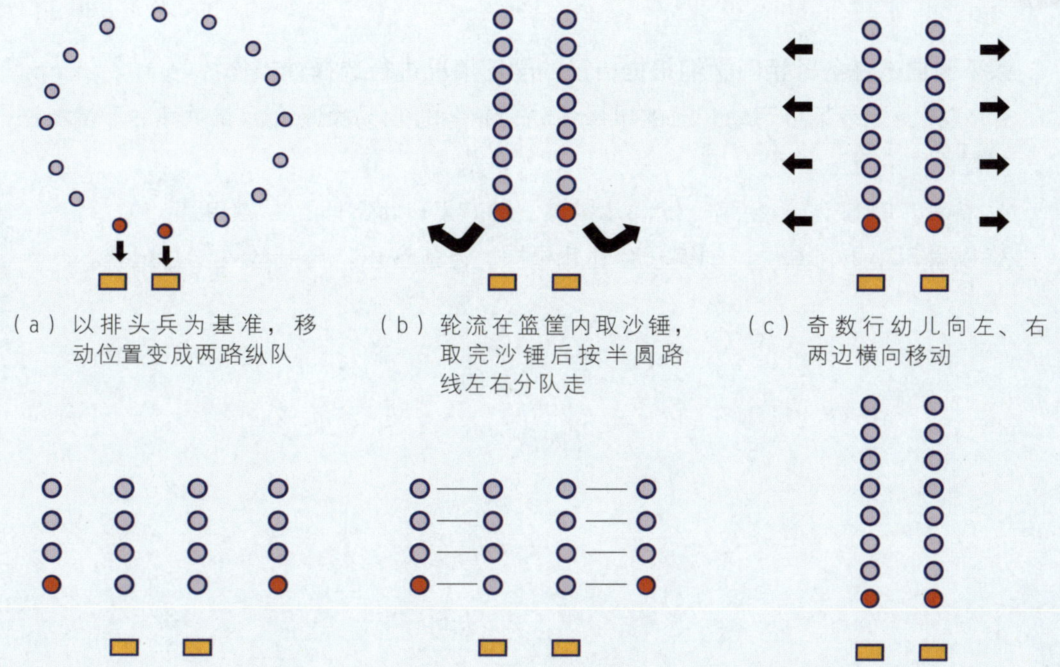

（a）以排头兵为基准，移
　　动位置变成两路纵队

（b）轮流在篮筐内取沙锤，
　　取完沙锤后按半圆路
　　线左右分队走

（c）奇数行幼儿向左、右
　　两边横向移动

（d）变成4路纵队，并向前
　　踏步走

（e）各列纵队幼儿向左、
　　向右转，两两相对地
　　在原地做动作

（f）变成两列纵队，依次
　　将沙锤放回篮筐后移
　　动到排尾

▲ 图4-3-12　队列练习

（7）两臂同时下摆至侧平举部位，两掌变勾，目视前方。

（8）还原成预备姿势。

第二节：蹬腿冲拳—架拳侧踹（两个八拍）。（略）

第三节：马步双劈拳—拗弓步冲拳—马步上架冲拳（两个八拍）。（略）

第四节：并步直立侧冲拳—弓步擦掌—高虚步亮掌（两个八拍）。（略）

第五节：亮掌—俯身按掌—侧弓步冲拳（两个八拍）。（略）

第六节：砸拳震脚—弓步双推掌—仆步按掌（两个八拍）。（略）

第七节：击掌上跳—撩踢拍脚（两个八拍）。（略）

4. 体能运动：找朋友（2分钟）

　　男女幼儿各围成一个圆圈，男生在内圈（外圈），女生在外圈（内圈）。音乐开始，两个圆圈按一个方向（顺时针或逆时针）各自沿圆圈移动（跑跳步）。当歌曲唱到"找到一个好朋友"时，男、女生面对面停下，按歌曲内容与自己的同伴一起做动作。间奏时各自创编动作，间奏之后继续移动圆圈，变换朋友。

5. 放松运动：虫儿飞（2分钟）

　　男、女两组圆圈以排头兵为基准，变成两列纵队，学蝴蝶飞的动作，慢慢退场。

任务超市

以下为自选任务，请同学们根据自己的学习情况进行选择性操作练习。

1. 观察、记录某见习幼儿园的早操活动，参考幼儿早操评价标准对其活动情况进行评价，并说说你的看法。

2. 参考"中国娃"，创编一份幼儿早操活动方案，年龄段、主题自选。

3. 以学习小组为单位，创编一套幼儿早操，自配音乐，自制教具，并试教。

任务四　组织幼儿户外体育活动

案例导入

　　2019年，首都体育学院联合体育机构发布的《中国3—6岁幼儿体质研究报告》显示：我国3至6岁幼儿身体形态发育和身体素质发展整体符合儿童生长发育的一般规律，但也有一些问题比较突出，如身体素质差、达标率低和肥胖检出率较高等，其中幼儿肥胖总检出率为7.2%，6岁幼儿的肥胖检出率最高（男9.6%，女9.1%），这一数据已逼近我国小学生的肥胖检出率。如果不采取有效措施进行积极干预，将会对我国幼儿体质健康造成不利影响。

　　分析：《幼儿园工作规程》中明确规定，幼儿"每日户外体育活动不得少于1小时"。《纲要》中也明确指出，幼儿园要"开展丰富多彩的户外游戏和体育活动，培养幼儿参加体育活动的兴趣和习惯，增强体质，提高对环境的适应能力"。可见，幼儿户外体育活动一直受到国家教育部门的重视，并以条文的形式做了规定。但在实际调查中发现，很多幼儿园存在组织户外体育活动的时间不足的情况。比如：幼儿园因户外活动的场地有限而让各个班轮流进行户外体育活动，导致每个班所能参加户外体育活动的时间有限；幼儿园所开展的其他活动占用了幼儿户外体育活动的时间；教师因户外体育活动时难以管理孩子而安排过多的室内活动。

　　幼儿园户外体育活动是幼儿锻炼体质的重要途径之一，应当引起教育工作者的重视。

任务描述

　　1. 复述幼儿户外体育活动的概念。

　　2. 概述幼儿户外体育活动的主要类型。

　　3. 能根据所学知识较为合理地组织与指导幼儿户外体育活动。

　　4. 能利用当地特色资源，创造性地开发幼儿户外体育活动的玩教具。

知识储备

一、 幼儿户外体育活动的概念

幼儿户外体育活动是幼儿园身体锻炼活动的重要组织形式之一，是指除幼儿早操活动外的其他非正规户外体育活动形式，主要类型有：晨间体育活动、非正规教学的户外体育游戏、远足活动、短途旅游、运动会等。

户外体育活动不强调活动组织的严密性，具有活动内容丰富、灵活性大等特点，可以作为正规性体育活动的延伸。此外，由于户外体育活动自身具有丰富的身

▲ 图4-4-1　幼儿户外体育活动

体锻炼内容，且活动的形式丰富多样，能体现幼儿的自主性，因此，它具有正规性体育活动所不可替代的重要作用。

二、 幼儿户外体育活动的价值

（一）提高幼儿的身体素质

户外体育活动是孩子亲近阳光和空气，走近大自然的最佳途径，也是形成健康的体魄、乐观的人生态度的有效手段。幼儿在户外体育活动中能直接受到日光、空气和温度等自然因素的刺激，对幼儿运动系统、呼吸系统、循环系统、神经系统的健康发育尤为重要。

（二）满足幼儿好动与探究的本性

户外体育活动一般以分散的小组和个人活动为主，可以充分兼顾幼儿的不同兴趣、爱好和能力水平。幼儿可以自选活动项目和运动器械，在活动中发展自己的动作和身体素质。这种活动形式不会使幼儿产生压力，他们能轻松、愉快、自由地活动。在户外体育活动中，幼儿所受到的制约大大减少，他们在更多的情况下是活动的参与者，因此能充分发挥想象力、动手能力和创造力。

（三）加快幼儿的社会化发展

户外体育活动往往是需要与同伴一起开展的，即使是简单的游戏活动，也有不少规

则。比如：几个小朋友在一起玩滑梯，就有一个先后次序的问题；一起跳绳或踢球，就有合作与配合的问题。所以，户外体育活动为幼儿学会独立解决日常生活问题、积累为人处世的规范提供了广阔的空间。幼儿能从这些活动中积累经验并迁移到日常生活中，这样既可以培养幼儿的独立性、自主性，又有助于幼儿的社会性发展。

（a）先后次序　　　　　　　　　　　　　　　（b）合作与配合

▲ 图4-4-2　加快幼儿的社会性发展

三、 幼儿户外体育活动的主要类型

（一）晨间体育活动

晨间体育活动是一种非正式的身体锻炼活动形式，是幼儿一日生活的开端，其活动形式丰富多样。晨间体育活动能使幼儿精神饱满、情绪愉快地开始一天的生活和学习。

▲ 图4-4-3　晨间体育活动"过小桥"

晨间体育活动的时间比较短，形式轻松、活泼，富有多样性和趣味性，不强调技能技巧的提高，运动量也不大。比如，将走的活动设计成走小路、走障碍物等，将投掷活动设计成"打大灰狼"，将平衡活动设计成"过小桥""过桥取物"等。这样丰富而有趣的内容及形式，能吸引幼儿积极主动地参与晨间活动，以达到锻炼的目的。

（二）户外体育游戏

户外体育游戏是在两个教学活动之间或在幼儿下午起床后进行的一种较松散的体育

游戏活动。它和专门组织的体育游戏不同，它的计划性较低，教师指导较少，主要体现为幼儿自主选择、自主开展、自娱自乐。户外体育游戏需要充足的体育器材、宽阔的体育场地，以分散的小组或个人活动为主。户外体育游戏可以充分考虑和兼顾幼儿的不同兴趣、爱好和能力水平。

小示例

户外体育游戏：切西瓜

幼儿围成圆圈，共同有节奏地念儿歌："切、切、切西瓜，我们的西瓜香又甜，要吃西瓜切开来。""切瓜人"边走边有节奏地在拉手处做切西瓜状。儿歌念完时，"切瓜人"的手停留在哪两位小朋友中间，这两位小朋友就要往被切手的反方向跑。跑完一圈后，谁先回到原来的位置，谁就来做下一个"切瓜人"。

▲ 图4-4-4　户外体育游戏"切西瓜"

（三）远足活动及短途旅游

▲ 图4-4-5　远足活动：踏青

远足活动是指让幼儿徒步行走到某一目的地的过程，这种活动更注重锻炼和增强幼儿的体质。它的意义在于帮助幼儿健身，提高环境适应能力。其主要内容包括：走、跑、跳、游戏，以及认知教育、品德教育、情感教育、随机教育。

短途旅游就是距离很近的一次旅行，往往由家长和孩子一起参与。在家长和孩子一起短途旅游的期间，双方会感觉到放松和美好，亲子间的情感更亲密，还能让幼儿拓宽视野、锻炼身体，是大自然赋予亲子身心健康的绝佳礼物。

（四）运动会

运动会是幼儿户外体育活动的组织形式之一。运动会中的项目通常娱乐性强、形式多样，如亲子活动、趣味比赛、体育活动展示和表演等。幼儿园运动会一般在每年的春、秋季各举办1次。运动会的主要内容包括以下两类：

（1）表演项目：幼儿操、亲子操、律动或集体舞等。

（2）竞赛项目：各种竞赛性游戏、球类比赛、障碍赛等。

▲ 图4-4-6　运动会集体表演

▲ 图4-4-7　亲子竞赛游戏

四、 幼儿户外体育活动的环境创设

（一）幼儿园户外体育活动的环境分区

1. 运动器械区

这一区域主要包含攀登架、滑梯等大型组合玩具区，以及秋千、跷跷板、转椅等中型玩具区。如果幼儿园户外空间较大，可以将该区域设立在任一空间，但各器械之间要有距离，并在出口着地处铺设软垫；如果幼儿园户外空间不足，可以考虑把几种不同功能的器械集于一体，并和沙池组合在一起，节省空间和成本。

▲ 图4-4-8　运动器械区

2. 集体运动场地

幼儿园需要有一块较宽敞的、平坦的空间，在这个空间上可以开展集体游戏，可以开辟车道，可以独立出小班的"软游戏区"。这样的场地应尽可能全部软化，铺设塑胶地面或人造草坪，也可以有部分自然草坪。如果

▲ 图4-4-9　集体运动场地

▲ 图4-4-10　攀爬区

▲ 图4-4-11　长廊

幼儿园没有这样的条件，应尽量保留土质地面，不要用水泥或砖块硬化地面，除非是作为专门的车道使用。此外，集体运动场地的四周最好能栽种高大的乔木，以保证夏季能提供绿荫。

3. 攀爬区

幼儿喜欢攀爬，尤其是中、大班的幼儿，所以应该尽可能为幼儿设计1—3个攀爬区。比如，可以在墙面设计横向攀岩，在绿色长廊设计爬梯，在草坪上设计轮胎爬墙等。

4. 长廊

长廊可以连接室内与户外，也可以连接户外多个游戏区；可以变成夏季绿荫长廊供幼儿嬉戏，也可以在长廊设计爬索；可以吊挂幼儿跳高时摸的物品，也可以在长廊设计休闲长椅、石桌等。

5. 小树林

若幼儿园户外空间充足，可以设计一个小树林，栽种各种树木，包括果木、花木等，在小树林里吊挂秋千、摇椅等设施，保留树林的土质地面。

6. 草坪

有条件的幼儿园可以设计开阔的、大面积的草坪。这里指的不是观赏草坪，而是允许幼儿上去滚爬戏耍的草坪。没有条件的幼儿园可以铺设带状草坪，或者在裸露土壤的地面铺设草坪，作为软化地面的手段。

7. 山坡（山洞）

爬土坡是大部分幼儿所喜爱的，他们享受着从土坡上滑下的乐趣，这比漂亮的滑梯更具吸引力。如果可以在土坡下挖地道，形成一个神秘的小山洞就更好了。

▲ 图4-4-12　小树林

▲ 图4-4-13　草坪

8. 玩沙区

幼儿喜欢玩沙，因为沙子富有变化。幼儿园应该根据人数的多少设计几个不同规格的沙池，边缘可以用轮胎进行软化处理。这里的轮胎还是幼儿练习平衡的好道具。此外，沙池四周最好有高大的树木，夏季能提供树荫。

9. 玩水区

玩水区可以和玩沙区相邻。有条件的幼儿园可以设计游泳池、喷泉、鱼池等不同的玩水区。没有条件的幼儿园可以在紧邻玩沙区的地方设计简单的长条形玩水池，这样既可以为沙池供水，也方便幼儿玩沙后洗手。

▲ 图4-4-14　玩沙区

▲ 图4-4-15　玩水区

10. 投掷区

投掷活动可以锻炼幼儿的臂力，发展手眼协调能力，所以，幼儿园可以在户外设计一个投掷区。如果空间不足，投掷区可以借用门廊、墙面、树林、长廊等地，不单独占用空间。

11. 户外游戏小屋

幼儿园可以在户外设计一座童话式小城堡或小木屋，可以利用农作物的秸秆或草席、

▲ 图4-4-16　户外游戏小屋

▲ 图4-4-17　爬轮胎

稻草之类的自然材料设计一座自然风貌的小屋，也可以简单地利用帐篷为幼儿设计几个悄悄话小屋，这些都会让幼儿的户外活动环境充满趣味，并能增加幼儿社会性交往的机会。

（二）幼儿户外体育活动的环境特点

1. 自然性

自然性是户外环境最突出的特点。阳光、空气、水是我们生活中必不可少的自然元素，在户外体育活动中，幼儿可以充分享受这些大自然的赐予，放飞自己。户外环境中的树木、土坡、草坪、藤萝架等同样也深受幼儿的欢迎，在小树林间穿梭、在草坪上翻滚，或者找蚂蚁、逮蚂蚱，或者观察蝴蝶飞舞、蜜蜂采蜜、蜻蜓点水，所有这些都能引发幼儿的好奇心和探索欲，这是大自然赐予幼儿的财富，也是幼儿的童年乐趣。

2. 趣味性

对于幼儿来讲，户外体育活动环境的趣味性既有来自大、中、小型器械的（如滑梯、攀登架、秋千等），也有来自三轮车、轮胎、球、风车、沙包等小型玩具的。除此之外，户外环境的趣味性还来自没有太多约束和羁绊的开阔空间，幼儿可以尽情地奔跑追逐，可以让自己的心灵和四肢获得充分的舒展。

3. 挑战性

室内活动的规则通常较多，强调秩序与安静，而户外活动则完全不同，它充满了刺激性和挑战性。比如，滑滑梯有爬高和从高处顺势而下的刺激，荡秋千有上上下下眩晕的刺激，过桥索、爬山坡、钻山洞有挑战自己胆量和能力的刺激。幼儿在种种具有挑战性的活动中，发展肢体动作，感受自己的能力，享受户外活动的"野趣"。

4. 富有变化

户外体育活动环境的自然性让它充满了变化：春有百花，夏有浓荫，秋有硕果，冬有白雪；四季有交替，早晚有变化。即使是同一块平静的泥土地，也会不断有小草长出来、花儿开放，或者有蚯蚓钻出来、蝴蝶飞来。幼儿的嬉戏活动、探索活动便也由此丰富起来，永无停歇。

（三）幼儿户外体育活动的特色教具

运动器械是提高幼儿运动能力和身体素质的重要载体。教师将各种体育运动的目标蕴含在器械中，让幼儿在使用各种不同器械的过程中，掌握基本的动作技能，提高身体素质。因此，挖掘具有锻炼价值的体育器械，是户外体育活动环境创设的重要内容。

1. 把生活中喜闻乐见的用具引入户外体育活动

生活中的竹梯、竹竿、簸箕、彩带、布袋、桌子、椅子、帽子、斗笠等用具，都可以成为提高幼儿走、跑、跳、爬、平衡等基本动作的重要器械。

小示例

椅 子 排 排 队

将生活中必不可少的椅子排成一排，幼儿可以在上面行走，提高平衡能力。将椅子作为重要的器械引入活动，可以丰富幼儿户外体育活动的内容，提高幼儿参与活动的积极性。

（a）　　　　　　　　（b）　　　　　　　　（c）

▲ 图4-4-18　椅子排排队

2. 把一些具有民间特色的器械引入户外体育活动

跳皮筋、抖空竹、踢毽子、跳格子等这些传统的民间体育活动，以其生动有趣的活动内容和形式，深受幼儿喜爱。教师可以把这些具有生命力的传统民间体育活动引入幼儿园的户外体育活动中，使其成为户外体育活动的重要内容。

3. 把生活中的废旧物品引入户外体育活动

生活中的服装包装盒、月饼盒、报纸、易拉罐、碎布条、水管等这些看似废旧无用的物品，经过教师的引导，往往能创造出许多不同的玩法。

▲ 图4-4-19　抖空竹

▲ 图4-4-20　踢毽子

小示例

自制户外体育活动器材

器材名称：软性投掷器械。

适宜年龄：3岁以上。

制作材料：花布、干净的填充物（棉花、布头、小米）。

游戏玩法：两名幼儿为一组，或幼儿自己单独游戏。幼儿通过练习抛、接的动作来锻炼大臂的力量及腕关节的灵活性。

（a）器材

（b）玩法

▲ 图4-4-21　软性投掷器械

器材名称：捉尾巴。

适宜年龄：4岁以上。

制作材料：花布、棉花。

游戏玩法：三名幼儿为一组，一名幼儿将"尾巴"系于腰间，其他两名幼儿一起捉他的尾巴。这个小游戏能锻炼幼儿腰、胯部的灵活性及综合跑跳能力。

（a）器材

（b）玩法

▲ 图4-4-22 捉尾巴

器材名称：梅花桩。

适宜年龄：4岁以上。

制作材料：大小相等的硬质易拉罐、报纸、皱纹纸、胶带。

游戏玩法：双脚持续跳，跳过障碍物后分脚踩过梅花桩，从而锻炼幼儿的综合跳跃能力及腿部肌肉力量。看似很简单的梅花桩，其内在的游戏价值却很丰富，比如可以用于走平衡、绕障碍跑、套圈、滚球等，教师应充分挖掘其教育价值，发展幼儿各方面的体育技能。

（a）器材

（b）玩法

▲ 图4-4-23 梅花桩

五、 幼儿户外体育活动的组织与指导

（一）幼儿户外体育活动的组织形式

幼儿户外体育活动的组织形式主要有集体式、分散式、分组或分组轮换式、循环式。

1. 集体式

集体式的特点是活动内容单一，有较严密的组织性，往往是在教师的直接指导下进行活动。这种活动形式多用于小班，便于幼儿在活动中互相模仿，也便于教师直接组织和引导。但是，这种活动形式往往难以实施个别教育。

2. 分散式

分散式的特点是内容丰富，幼儿可根据自己的兴趣自选活动器材（由教师在活动前准备好）来开展活动。在活动进行时，可单独活动，也可自愿结伴进行合作活动。这种活动形式更有利于培养幼儿活动的主动性、独立性、积极性和创造性，且有利于教师实施个别教育。但这种活动形式也有明显的缺点，即组织松散。教师往往难以落实对活动的全面管理和指导，尤其是活动的节奏和活动量往往难以控制。另外，由于活动前幼儿总是根据自己的兴趣、爱好选择活动器材和玩法，因此，在活动开展的不同时间，幼儿选择同一器材和玩法的可能性极大。对于这类幼儿来说，活动内容单一的现象依然存在，不利于其身体的全面锻炼。

3. 分组或分组轮换式

分组或分组轮换式是指两组或两组以上的幼儿同时进行两项或两项以上的活动，活动与活动之间有时是独立的，有时是可以相互轮换的，多用于中、大班。在具体活动开展时，有一组幼儿由教师直接指导进行一项活动（集体封闭式），其他组别的幼儿或集体开展另一项活动，或分散进行自选、自由活动，且活动的内容是幼儿熟悉的。这种活动形式的优点是：克服了"集体式"中内容过于单一的弊端，也克服了"分散式"中教师指导和全面管理薄弱的缺点，它将教师有组织的活动与幼儿的独立活动有机结合起来，加上活动方式变化的多样性，更有利于发挥和完善幼儿户外体育活动的功能。

4. 循环式

循环式是将分组轮换式户外体育活动不断地加以发展和完善而逐渐形成的灵活性更大、操作性更强、适应性更广的幼儿户外体育活动模式。它是将活动的内容排序，且分组活动，依次循环。与分组轮换式活动相比，它的活动内容更为丰富，且不受分组组数的影响。教师在依次排列活动内容时，可将活动量大的活动与活动量小的活动相互穿插进行，上肢活动与下肢活动、局部活动与全身活动相互配合，以保证锻炼的科学性和全面性。

在进行具体活动时，教师要根据幼儿的年龄特点确定活动内容及循环活动的交替时间，控制幼儿活动的生理负荷。此外，还应由教师确定重点指导的项目和幼儿独立活动的

项目，以充分发挥教师的指导作用，培养幼儿独立开展活动的能力。

由于每所幼儿园的器材多少、场地大小及分布情况不同，教师可根据本园的实际情况组织不同的循环式活动。

小示例

3种不同的循环式

（1）组间循环式，即将同一班级分成若干组来进行不同内容的循环活动，适用于场地较大或场地较分散、器材较多的幼儿园。

（2）平行班循环式，即每个平行班准备1—2项活动内容，各自活动后，与另一个班交换活动，依次循环，这种形式适用于场地不大且较分散、活动器材不多的幼儿园。

（3）混合班循环式，即3—4个不同年龄班准备1—2项活动。各自活动后，班与班相互交换活动，依次循环。这种形式适用于平行班较少、场地较小且较分散、活动器材不足的幼儿园。另外，在组织活动时，教师应注意同一内容在不同年龄班中应有不同的玩法。

在具体设计和组织户外体育活动时，教师既可采用封闭式循环，又可采用封闭式循环与有组织的小组活动结合式，或半封闭半开放式循环等形式。教师应根据不同的活动内容灵活地运用多种形式，才能使幼儿户外体育活动开展得更加丰富多彩，将其功能发挥得更加完善。

（二）幼儿户外体育活动组织的指导要点

1. 晨间体育活动

教师应提供充足的体育器材、宽阔的体育场地，以分散的小组或个人活动为主，并充分考虑和兼顾幼儿的不同兴趣、爱好和能力水平。在进行晨间体育活动时，教师要给予幼儿更多的自由，让幼儿自由选择运动项目和运动器械，自由结伴游戏。

此外，教师还可以不定期地开展跨班晨间体育活动，加强幼儿"大带小，小促大"的作用，让不同年龄的幼儿一起探索、共同进步，提高幼儿解决问题的能力，培养幼儿相互尊重、相互谦让的良好品质，提高社会交往能力，加强幼儿间的合作意识，增强幼儿的自信心，从而促进幼儿社会性和健康人格的发展。

2. 户外体育游戏

教师应依据幼儿各年龄段的不同喜好和心理特点组织与指导幼儿户外体育游戏。例如：在小班引导开展"小海狮顶球""小蚂蚁运粮"等情境性游戏；支持中班幼儿开展"脚蹬罐""走过沼泽地"等稍有难度的游戏；鼓励大班幼儿开展"投篮高手""花样跳绳"

等富有挑战性、创新性的游戏。

为了促进幼儿更好地掌握动作技能、发展体能，教师可根据不同时期的要求，适当组织开展班级之间、小组之间的各种小型体育竞赛活动。

3. 远足活动及短途旅游

（1）根据幼儿的年龄特点和身心发展规律，依照循序渐进的原则设计路程，并规定行进速度，确定活动量。

（2）组织形式要灵活多样，安排内容要丰富多彩，使幼儿在活动中始终有浓厚的兴趣。

（3）必须把安全放在首位，指导幼儿学会自我保护的方法。

4. 运动会

在组织运动会时，应事先定好运动项目，形式可以是表演与小型比赛活动的结合，也可以办成大型的游戏活动。例如，有的幼儿当运动员，有的幼儿当裁判员等。另外，在活动过程中，应加强幼儿规则意识的培养，以免发生拥挤、跌伤、走失等现象。如同其他户外体育活动一样，运动会也应做好全面的安全防护工作。

（三）幼儿户外体育活动组织的安全措施

1. 重视落实常规

为保证幼儿的安全，常规在户外体育活动中的制定与执行应被重视。常规的内容主要有：体育器械的拿放常规；体育器械的使用常规；能依据教师的指令及手势及时地作出反应，调节自己活动的常规。为使常规能被幼儿接纳，应做到以下两点：

第一，引导幼儿理解常规的重要性。比如，引导幼儿回顾"混乱"的户外体育活动场景或曾发生过的安全事故，了解事故发生的原因。

第二，重视常规的教育。教师可以考虑将常规训练游戏化；将幼儿遵守常规的情况列入活动后的小结中。在以往的许多户外体育活动中，教师小结的重点往往只涉及幼儿动作技能的掌握情况，较少关注幼儿的常规遵守情况，这不利于培养幼儿关注常规的意识及习惯。

2. 科学规划场地

科学地利用场地是指教师能依据场地自身的特点选择适合的运动项目。若户外体育活动场地面积过小，可以采取各年龄组错开锻炼的方式，以免因场地窄小而发生安全事故。若是场地面积较大，应依据场地的性质确定该场地所开展的运动项目，比如：不规则且多障碍物的场地可以进行攀登、平衡类练习；柔软的草地可以进行跳远类练习。如要开展大型器械活动，为保证幼儿的安全，教师在活动前应认真检查场地的安全性。

3. 合理使用器械

器械使用不当往往容易导致安全事故的发生。器械使用的不合理主要体现在以下几个方面：

（1）器械拿放环节混乱，导致幼儿受伤。

（2）投放的器械种类过少，幼儿因争夺器械而发生安全事故。

（3）在窄小的场地内投放的器械种类过多，教师无法全面指导，从而导致器械伤人的现象。

（4）投放的新器械（幼儿还不会使用或还不能熟练使用的器械）种类过多，导致幼儿因使用器械不当而受伤或伤及他人。

因此，为减少户外体育活动中安全事故的发生，合理地投放器械亦是关键所在。需要注意的有：一是投放的器械种类应适宜。教师可以依据运动场地的大小投放器械，场地小的可投放3—4种器械，场地大的可增至7—8种。二是谨慎地投放新器械，新器械的种类以1—2种为宜。

4. 有效观察与指导

在户外体育活动中，教师的观察力度如果不够也容易导致安全事故的发生。为确保户外体育活动中幼儿的安全，教师应能进行有效的观察。

首先，教师观察时的站位应合适，确保所站位置能关注到每一位幼儿。其次，当幼儿进行移动练习时，教师的站位应能随之移动，以便能顾及幼儿活动中的表现。最后，观察应与指导相结合。在观察的过程中，教师可同时指导幼儿正确地使用器械，有序地拿放器械。当发现幼儿在尝试可能存在危险的活动时，教师需要及时进行有针对性的指导，让他们注意安全，学会自我保护，而不是简单地出手制止。

 活力加油站

幼儿户外混龄区域体育活动的组织

幼儿户外混龄区域体育活动是幼儿户外体育活动的一种特殊的组织形式，是教师利用幼儿园的户外环境，因地制宜地创设若干活动区域，科学投放不同的运动材料，让幼儿在良好的体育环境中自由结伴、自主参与，从而发展基本动作、提高运动能力的一种体育活动形式。户外混龄区域体育活动可以打破幼儿年龄、班级的界限，使不同班级、不同年龄的幼儿能够在教师的指导下自由选择活动区域，共同开展户外体育活动。组织幼儿户外混龄区域体育活动时应注意以下几点：

1. 合理划分区域

第一，幼儿园应综合考虑园内场地（包括草地、砖地、塑胶地、山坡等）的实际格局（如位置、大小、形状等）以及各类活动项目对场地的要求，合理划分活动区域，为幼儿混龄互动提供广阔的交往空间。第二，幼儿园需要按照器材的功能，将之投放到与之相匹配的区域中，让幼儿在活动时能够对器材和区域一目了然，由此强化区域的运动特性，增加不同年龄、经验和运动水平的幼儿之间的多元互动。

2. 创设互动情境

教师应尽可能多地提供适合不同年龄幼儿参与的合作性游戏，以有效解决混龄运动中"只有混合，没有互动"的问题。幼儿在角色转换与合作互动的学习中更能获得运动品质和社会性的发展。

3. 投放适宜的器材

运动器材是幼儿混龄交往的重要中介物。第一，器材投放应体现低结构、开放性、生活化，才能给混龄幼儿留出更大的想象和创造空间，激发幼儿运动的激情。第二，器材投放应注重延伸性。在混龄活动中，由于参与同一区域活动的幼儿在年龄、经验、运动能力和兴趣等方面各不相同，教师投放的器材应符合不同年龄段幼儿的运动量和活动强度的要求，遵循从易到难、由浅入深的教育原则，满足具有不同兴趣爱好的幼儿"快乐运动"的需要。

小思考

幼儿户外混龄区域游戏与一般户外体育活动在组织与指导要点上有什么不同？

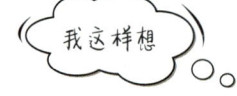
我这样想

 任务超市

以下为自选任务，请同学们根据自己的学习情况进行选择性操作练习。

1. 结合上文说说什么是"适宜"的户外体育活动器材？请尝试利用所在地区的本土特色资源，开发1—2种"适宜"的幼儿户外体育活动器材，并说明使用方法。

2. 到附近的幼儿园观察一次户外体育游戏，做好过程记录并尝试对该游戏进行评价。

3. 设计一份秋游活动方案，年龄段自选。

过关测验

一、选择题

1. 幼儿基本动作学习包括走、跑、跳跃、投掷、钻、爬、攀登、平衡、滚翻和（　　）。
   A. 振　　　　　　　　B. 悬垂　　　　　　　　C. 蹬　　　　　　　　D. 举

2. 下列关于幼儿体育游戏说法不正确的是（　　）。
   A. 幼儿体育游戏具有情节、角色和规则
   B. 幼儿体育游戏包括集体性游戏和分散性游戏
   C. 冬季寒冷，应选择比较安静的游戏
   D. 幼儿体育游戏的内容常来自自然和社会

3. 幼儿操节运动常见的类型有（　　）。
   A. 跳跃操、徒手操、舞蹈操
   B. 舞蹈操、模仿操、轻器械操
   C. 模仿操、徒手操、轻器械操
   D. 武术操、轻器械操、体操

4. 《幼儿园工作规程》中明确规定，幼儿每日户外体育活动不得少于（　　）小时。
   A. 0.5　　　　　　B. 1　　　　　　C. 1.5　　　　　　D. 2

二、实操题

围绕某个主题，根据幼儿的年龄段特点，设计一份幼儿园周体育活动方案，包括幼儿基本动作练习活动、幼儿体育游戏活动、幼儿早操活动、幼儿户外体育活动等内容的安排，年龄段、主题自选。

积分奖励

1. 在"过关测验"中，每答对一道选择题可在自己的知识分值上加1分（共4分）。

2. 在"过关测验"中，完成实操题的同学请根据自评、互评、师评的平均分，在自己的能力分值上加分（满分为10分）。

3. 完成第四关所有"任务超市"的同学，请在自己的素养分值上加5分，完成其中3项的加3分，完成1—2项的加2分，一项都没有完成的不能加分。

请你算一算，你现在的累计积分是多少？

知识（　　　　）　　　　能力（　　　　）　　　　素养（　　　　）

反思与预测

　　请你回顾第四关的学习过程，写下你的反思和感悟，并说说自己对下一关学习的自我期待。

第五关 认识幼儿园健康教育评价

闯关目标

知识目标	1. 认识幼儿园健康教育评价的概念、功能、类型、原则和方法 2. 掌握幼儿园健康教育活动评价的内容及要求
能力目标	1. 能在幼儿园健康教育评价中合理应用相关评价方法 2. 能独立开展幼儿园健康教育活动的评价
素养目标	1. 在幼儿园健康教育评价活动中坚持客观精神 2. 在幼儿园健康教育活动评价中不断反思并改进自己的健康教育活动实践

知识导图

本关导语		初识幼儿园健康教育评价		参与幼儿园健康教育活动的评价

- 评价的概念
- 教育评价的特点

- 幼儿园健康教育评价的概念及功能
- 幼儿园健康教育评价的类型
- 幼儿园健康教育评价的原则
- 幼儿园健康教育评价的方法

- 对幼儿园健康教育活动目标的评价
- 对幼儿园健康教育活动准备的评价
- 对幼儿园健康教育活动内容的评价
- 对幼儿园健康教育活动过程的评价
- 对幼儿园健康教育活动延伸的评价

"评价"一词在汉语中最初泛指衡量人物、事物的作用或价值。1929年美国教育家泰勒提出"教育评价"这一概念，认为教育评价可以为实现理想的教育目标起到促进和保护的作用。但是，由于人们看待问题的角度、方法不同，对教育评价至今还没有形成一个确切的、严谨的、被一致接受的科学定义。一般来讲，人们公认的教育评价应具有以下三个特点：教育评价是一个连续性的活动过程；教育评价是有目的、有计划的；教育评价中的评价者和被评价者是相互合作、协同工作的。

在本关中，我们将在认识幼儿园健康教育评价的概念、功能、类型、方法等基础上，重点学习幼儿园健康教育活动评价的内容及要求，帮助准幼师清晰地了解未来岗位中相应典型工作的要求。

累计积分

知识（　　）　　　　　能力（　　）　　　　　素养（　　）

📝 **学习笔记**

任务一　初识幼儿园健康教育评价

案例导入

在对某幼儿园的教师进行访谈时，很多教师表示：并未接触或深入了解过教育评价；自己的专业知识有限，达不到教育评价的水平，所以幼儿园健康教育评价应该是教育专家或幼儿园督导应该做的事情；目前幼儿园使用的健康教育教材总体上感觉很好，老师照着做就行了，因此也没有必要做什么教育评价；一线教师只要把健康教育活动组织好，让家长能看到幼儿健康行为的变化即可，这就是对活动效果的评价。

分析：由此可见，除了未获得教育评价的专门培训和学习外，该幼儿园教师对教育评价及幼儿园健康教育评价存在一些认识上的误区，认为：幼儿园健康教育评价是为了满足家长的需要；是对教材实施的评价；是专家的专项工作，与一线教师无关。但实际上，幼儿园健康教育评价是幼儿园健康教育中一项涉及多类人群、多元内容，且方法多样、意义深远的重要工作。

任务描述

1. 认识幼儿园健康教育评价的概念及功能。
2. 能解释幼儿园健康教育评价的不同类型和原则。
3. 能在幼儿园健康教育评价中合理地应用相关评价方法。
4. 在幼儿园健康教育评价活动中坚持客观精神。

知识储备

一、幼儿园健康教育评价的概念及功能

（一）幼儿园健康教育评价的概念

幼儿园健康教育评价是指在系统地、科学地和全面地收集、整理幼儿园健康教育信息的基础上，对幼儿园健康教育整体规划的评价，对幼儿园健康教育目标、内容、组织形式和方法的评价，对进行幼儿健康指导的幼儿园教师及其他相关人员的评价。

有人说：幼儿园健康教育评价就是对幼儿园组织开展的健康领域的教育教学活动进行评价。这样的说法对吗？为什么？

（二）幼儿园健康教育评价的功能

1. 导向功能

幼儿园健康教育评价是幼儿园健康教育工作的"指挥棒"，即基于不同准则的评价活动对评价对象的行为取向产生导向作用。评价若是肯定的，评价对象应继续延续和追求；评价若是否定的，评价对象应该放弃或改进。通过健康教育评价中的评价准则，可促进评价对象朝着国家的教育方针政策、教育目的的方向而努力。

2. 诊断功能

诊断功能具体体现为：在收集、整理和分析信息资料的基础上，对评价对象的客观情况，特别是所存在的问题进行诊断，了解幼儿园健康教育的目标、内容、过程、方法以及环境、设备、材料等是否符合幼儿的发展水平；了解通过健康教育是否促进了幼儿健康知识的增长、健康态度的形成和健康行为的养成；了解幼儿园健康教育是否达到了预期目标，为下一步制定最佳的幼儿园健康教育方案提供依据。

3. 调整功能

教育评价的目的是"增值"，即促进实践的改善和完善。因而，为了实现这一目的，教育评价就必须具备调整功能。评价者通过调查和收集资料、统计和分析来获得评价结果，然后再把评价结果与健康教育目标进行比较，这样便能使教师从收集到的反馈信息中分析幼儿园健康教育的不足和不利之处，从而及时对其过程进行调整、修改，以期获得更好的健康教育效果。

4. 激励功能

教育评价工作可以促使教师体会到幼儿在接受健康教育后的成长，有助于教师体验到成就感，鼓励教师再接再厉；还可使幼儿亲身感受到，其健康态度和健康行为发生变化后所收获的益处，看到自己的进步，从而进一步激发幼儿参与健康教育的兴趣和信心。

二、 幼儿园健康教育评价的类型

按照不同的角度，可以将幼儿园健康教育评价划分为不同的类型。

（一）按评价的标准分类

幼儿园健康教育评价按评价的标准可被划分为相对评价、绝对评价、个体内差异评价三种类型。

1. 相对评价

相对评价是指在被评价对象的集合总体中选取一个或若干个对象作为标准，然后将其他评价对象与标准加以比较，也可以是用某种方法将所有被评价对象按先后顺序排列的评价。例如跑步时，有的幼儿"跑得快"，有的幼儿"跑得慢"，"快"与"慢"都是因"标准"而异的相对评价。相对评价有利于确定个体对象在集体中的相对位置，但容易因评价对象的不同情况而出现标准的高低变化。

2. 绝对评价

绝对评价就是在被评价对象的群体之外确定一个客观的标准，将被评价对象与这个客观标准进行比较而作出的评价。幼儿健康教育的绝对评价标准通常按照幼儿园有关的卫生保健制度、管理条例、健康教育目标等加以确定，所有被评价对象都与客观标准进行比较。例如，幼儿的身高、体重、血红蛋白、心率等反映幼儿生长发育及生理功能的评价就是绝对评价，其中的评价标准都有相应的科学依据。

由于绝对评价参照的是科学、准确、可以信赖的客观标准，因此较为公正合理，并且有助于评价对象明确努力方向。但这里要说明的是，因为绝对评价标准也是由人制定的，很难做到绝对公正，所以在幼儿园健康教育评价中，应将相对评价与绝对评价两者结合起来进行评价。

3. 个体内差异评价

个体内差异评价是指以个体过去的发展状况和现有的发展水平相比较，或者将某一个对象的若干方面相比较的评价方法。

（二）按评价实施的时间分类

幼儿园健康教育评价按评价实施的时间可被划分为诊断性评价、形成性评价和总结性评价三种类型。

1. 诊断性评价

诊断性评价又称前期评价，是在开展幼儿园健康教育活动之前进行的预测性评价，或者对评价对象的发展基础和条件加以测定。诊断性评价的目的在于了解评价对象的基本情况，发现存在的问题。例如，在制定健康教育计划前，先了解幼儿的发展状况、健康需求及兴趣，再确定健康教育的内容及重点。

2. 形成性评价

形成性评价又称中期评价，是在幼儿园健康教育活动进行的过程中对健康教育活动效果进行的持续性的评价，其目的在于及时获取反馈信息，适时调整教育进程、方法、手段，以便达成教育目标。例如，幼儿的健康知识是否在健康教育干预后产生有利的改变，这是健康教育效果的即时评价。教师可根据即时评价的结果考虑继续实施计划或修改计划。另外，健康教育的环境准备、教师的教育策略、幼儿的反应等都是评价的内容。

3. 总结性评价

总结性评价又称终期评价，是在健康教育计划实施后，对其终极结果所进行的评价，它以预先设定的健康教育目标为依据，判断评价对象达成目标的实际水平，总结性评价既是最终的评价结果，也是制定新的健康教育计划的依据。

（三）按评价的方法分类

幼儿园健康教育评价按评价的方法可被划分为定量评价和定性评价两种。

1. 定量评价

定量评价是指在幼儿健康教育评价中，通过对所收集的有关信息、资料等采用数学方法进行定量计算或数字描述的评价。例如，幼儿园每学期都要对幼儿进行身体检查，从而对幼儿的生长发育情况进行定量评价，如身高、体重、头围、胸围、心率、血红蛋白等都是以数字表述的。

2. 定性评价

定性评价是指在幼儿园健康教育评价过程中不采用数学描述的方法，而是根据评价者对评价对象平时的表现和状态进行观察和分析，然后对评价对象作出定性结论的价值判断。例如，对幼儿社会交往的观察分析、对幼儿生活自理能力的评语等都属于定性评价。

在实施幼儿健康教育评价时，应注意定性评价与定量评价相结合的原则。定量评价以收集来的客观资料为依据进行科学统计，追求客观事实，因而较为公正，但有时容易掩盖健康教育过程中的复杂性。定性评价能够考虑到健康教育过程中作为主体的幼儿的生理、心理、社会等方面的多元因素，常常通过自然情境下的观察和谈话来获得有价值的信息，能够挖掘隐藏在客观事实之下的深层次问题，且往往不同的评价者会得出相异的结论。因此，采用将定量评价与定性评价相结合的方式能更全面、客观、准确地对幼儿园健康教育进行评价，以更好地达到促进幼儿健康发展的目的。

（四）按参与评价的主体分类

幼儿园健康教育评价按参与评价的主体可被划分为自我评价和他人评价两种类型。

1. 自我评价

自我评价是指评价者参照一定的指标对自己的教育工作作出的价值判断。现代社会的幼儿教师应当具备研究型教师的特征，在教育过程中需要不断地进行自我反思和总结。但是，由于自我评价缺乏外界参照体系，并且被评价者就是评价主体，把握评价标准的主观性较大，因此易出现评价过高或过低的情况。

2. 他人评价

他人评价是指非被评价者的评价，即来自外部的评价。比如上级业务指导人员、其他幼儿教师观摩健康教育活动后的评价，园长和幼儿教师对幼儿生长发育情况的总体评价，幼儿教师、家长对幼儿园健康教育环境的评价，幼儿教师对家长配合幼儿园进行健康教育的观念与水平的评价等。外部评价一般进行得较为慎重，有时也需要较多的人力和物力才能完成。

三、 幼儿园健康教育评价的原则

（一）客观性原则

客观性原则是指在进行幼儿园健康教育评价时必须以客观事实为依据，在收集客观资料的基础上，根据科学的标准，对健康教育的过程和结果进行评价；评价指标应符合评价目标的要求和评价对象的特征，评价标准要合理；评价者应克服个人主观因素的影响，坚持评价标准的统一性，不能在评价的过程中随意改变评价标准。

（二）发展性原则

发展性原则指的是幼儿园健康教育评价的目的不仅仅是评估幼儿园健康教育的现有水平，而且要促进健康教育质量的提高。传统的教育评价更多关注的是结果，容易把评价者的注意力引向结果与目标的一一对应，这使得评价对象容易陷入"为了评价而开展教育"的误区。评价不是为了证明结果，而是为了教育的改进和质量的提升，为了促进每个幼儿的成长与发展。因此，在幼儿园健康教育评价的过程中，我们应更关注教育的过程，关注过程中的每一个环节及参与个体的差异性，以促进幼儿的主动学习，让其能在"最近发展区"中获得最大收益。

（三）方向性原则

方向性原则指的是幼儿园健康教育评价的标准及各环节的活动，要与党和国家的教育方针、政策、法律法规中的规定与要求保持一致，要和幼儿健康教育的总目标保持一致，要符合《纲要》和《指南》中的要求。

（四）综合性原则

综合性原则指的是在进行幼儿园健康教育评价时，要运用多种评价方法、多种指标进行评价，并综合分析健康教育各要素的协同作用。在评价幼儿园健康教育活动的整体效果时，要综合诊断性评价、形成性评价和总结性评价，综合自我评价、他人评价等；在评价幼儿园健康教育活动的某项效果时，要选择多种指标（如健康知识、健康态度、健康行为、生长发育水平的变化等）进行评价；在评价幼儿健康状况和影响因素时，应该在生理、心理和社会适应等方面进行综合评价。

四、 幼儿园健康教育评价的方法

（一）观察法

观察法是评价者根据评价对象的特点和指标要求，有目的、有计划地在自然状态或实验状态下观察评价对象并获取信息的方法。观察法主要运用人的五感，可借助手机、相机、录音笔等辅助工具进行记录。观察法的适用面广，教师、家长甚至幼儿都可以使用。在使用观察法进行记录时，应保证信息的客观性和准确性，尽量避免主观因素的干扰。

小示例

小一班的观察记录

某实习生在一次幼儿园健康教育活动现场观摩的观察记录中写道：当老师提出"青菜有什么营养价值"的问题后，小一班的很多幼儿都不知道该怎么回答。过了一会儿，佳佳站起来回答："多吃青菜营养好。"这说明佳佳对"营养价值"的概念还不清晰。

分析 有时候，我们在进行观察记录时，容易不自觉地带入个人的主观臆测或推断，例如上述的"很多幼儿都不知道……""这说明佳佳……"，这会直接影响后期我们根据观察记录所开展的客观评价。在做观察记录时，我们应尽可能客观地描述情境和行为。如在上述案例中，我们可以重点描述在老师提出问题后，幼儿的表情、语言、动作及反应的人数等，不要夹带其他带有观察者主观判断色彩的描述内容。如果需要获得更全面、完整的信息，可以在征得许可的前提下进行录音或录像。

（二）测验法

测验法是根据评价的内容和标准编制量表、试题等，以此收集评价信息的方法。它主要运用于易量化的评价内容，如幼儿体能发展状况、幼儿对健康知识的掌握情况、幼儿的心理发展状况等。例如，在中华人民共和国国家卫生和计划生育委员会于2017年10月颁布的《0岁—6岁儿童发育行为评估量表》中，对0—6岁婴幼儿的大运动能区（身体的姿势、头的平衡以及坐、爬、立、走、跑、跳的能力方面）制定了不同月龄的发展参考。[①]

（三）问卷调查法

问卷调查法是对评价对象进行书面调查，以获取相关评价信息的方法。问卷可以采用纸质的形式发放，也可以通过网络以电子的形式发放。这种评价方法可以在短期内获取大量的信息。

（四）访谈法

访谈法是评价者有目的地与评价对象通过口头谈话的方式收集一手信息的方法，特别适用于在已经获取相关数据的基础上，针对特异信息进行深入了解，探寻更为隐蔽的问题，从而更准确、客观地进行评价。

（五）小组讨论法

小组讨论法是让幼儿在小组面前就某一问题发表自己的看法或与其他人一起讨论，评价者从中获取信息的方法。例如，当要了解幼儿对健康知识的掌握程度时就可以用这种方法。

（六）自我评价法

幼儿、教师通过自我评价，也可以提供个人的有关信息。

（七）实地调查法

评价者通过实地调查，了解幼儿园健康教育开展的场地、设备、教具、学具及其使用情况，以及采光、通风、绿化等条件，从而对幼儿园健康教育的总体环境进行评价。

 活力加油站

实况详录法

实况详录法是观察法的一种类型，又称连续记录法，是指评价者详细地记录评价对象（一个幼儿或一个幼儿团体）在一段时间内，自然状态下发生的一言一行、

---

① 中华人民共和国国家卫生和计划生育委员会.0岁—6岁儿童发育行为评估量表［EB/OL］.（2017–10–26）［2020–05–13］.http://www.nhc.gov.cn/wjw/pqt/201710/8e070f8482144cae97088668f0dfe25a.shtml.

一举一动以及当时的背景、环境等，然后对所收集的原始资料进行
分析、评价的一种方法。该方法简单方便、记录翔实，且观察人数
不受限制，不但有利于发现幼儿的兴趣及发展特点，促使教师及时
调整教育目标、内容和教学策略，而且能为客观地开展幼儿园健康
教育评价提供依据。例如：

微课讲解
实况详录法在幼儿健
康教育评价中的应用

基 本 信 息			
幼儿姓名	思城	性　别	男
年　龄	4岁9个月	观察日期	10月17日
开始时间	09：45	结束时间	09：55
观察地点	操场	观察者	陈老师

观 察 记 录
王老师请小朋友们开始自由练习拍球。思城抱着球走到佳音的身边开始聊天。过了一会儿，王老师来到他俩身旁，提示要进行练习，于是佳音开始练习拍球，思城抱着球走到花坛边，坐下来，望着前方。王老师又来到思城身边，问："思城，你为什么不练习啊？"思城看了一眼老师，没有说话。他慢慢站了起来，用双手把皮球往下拍，在皮球弹起来的时候，他赶紧接着用右手去拍，因为用力有点大，皮球弹得比较高，所以他再去拍球的时候，没有触碰到球，球弹跳着滚了出去。思城赶紧跑过去捡起球，然后抱着球看看这，望望那，直到老师说练习结束。

分 析
（1）在自由练习拍球的过程中，思城没有进入主动的练习状态，在老师的一再提醒下，进行了一次拍球练习。 （2）当连续拍球练习失败时，思城没有请求帮助，也没有继续练习。 （3）除了提醒任务要求外，教师没有对思城开展其他内容的个别指导。

评 价
（1）思城对拍球练习缺乏兴趣，没有掌握基本的连续拍球的技巧，没有主动表达获取帮助、解决问题的需求。 （2）教师在该活动的互动中缺少具体的个别指导。

教 育 建 议
（1）教师要结合多种示范方式，让幼儿清晰地了解连续拍球的技巧和常见的错误，采用集体、小组、个别等多种组织形式帮助幼儿在活动中提升能力。 （2）教师后期应持续关注在拍球活动中缺乏兴趣的幼儿，并对其开展个别指导。 （3）教师可用游戏的口吻鼓励思城继续尝试练习拍球，当其有进步时，应及时给予表扬，使其在获得成功感的过程中提升自信心及对拍球运动的兴趣。 （4）建议家长在家多鼓励思城练习拍球动作，提高他的手眼协调能力和参加体育活动的兴趣。

说说以上实况详录中的评价属于哪种类型？体现了幼儿园健康教育评价的哪些原则？

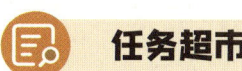

以下为自选任务，请同学们根据自己的学习情况进行选择性操作练习。

1. 以某个幼儿为对象，进行一次幼儿健康教育活动的观察并做好观察记录，要求观察记录的内容应客观，能原本地反映活动实况，年龄段、活动内容自选。

2. 在完成第1题的基础上，结合《指南》的健康领域维度指标，对观察记录的内容进行分析、评价并提出教育建议。

3. 以小组为单位，尝试采用多种评价方法，设计一份大班饮食健康教育的评价方案。

任务二　参与幼儿园健康教育活动的评价

案例导入

　　实习生小丽在园内开展了一次健康领域的公开课，当她自信满满地做完自我评价的时候，却迎来了"连珠炮"式的批评。有的老师说她的目标没有达成，有的老师说她的重、难点不突出，还有的老师说她的师幼互动欠佳……面对一大堆的质疑，小丽觉得很沮丧，心想自己明明做了很充分的准备，为什么还有这么多问题呢？小丽差点哭了出来。

　　分析：任何教育教学活动都需要在评价中不断反思和改进，从而提升质量，更好地服务于幼儿的学习和发展。因此，幼儿教师应当摆正心态，多虚心求教，在发现和解决问题的过程中实现自身专业水平的提升。当然，教师在设计与组织教学活动前，要先明确幼儿园健康教育活动的评价要求，这样既可以促使教学活动有效性的提升，也可以给自己一个比较合理的心理预期。

任务描述

　　1. 再认幼儿园健康教育评价的内容。

　　2. 解释幼儿园健康教育活动评价的维度及要求。

　　3. 能独立开展幼儿园健康教育活动的评价。

　　4. 在活动评价中不断反思并改进自己的健康教育活动实践。

 ### 知识储备

　　幼儿园健康教育活动评价的主要内容包括：幼儿健康发展的评价、幼儿园健康教育工作者的评价、幼儿园健康教育活动的评价、幼儿园健康环境与服务的评价。但对于职前的准幼儿教师来说，需要在了解幼儿园健康教育评价基本理论的基础上，先学习在实习、见习的过程中如何科学、合理地评价自己独立组织与开展的幼儿园健康教育活动，所以本书只介绍幼儿园健康教育活动的评价，即从活动目标、活动准备、活动内容、活动过程、活动延伸几个方面展开。

一、 对幼儿园健康教育活动目标的评价

（一）活动目标的评价

幼儿园健康教育活动的目标应建立在本班幼儿身心发展现状的基础上，并符合幼儿的兴趣、经验与需要；活动目标应与活动内容保持一致；活动目标应从认知、能力、情感与态度三个维度进行考虑；活动目标应难度适中、表述角度统一。

（二）活动目标的表述

幼儿园健康教育活动目标的表述应体现具体、可操作、重难点突出、凸显幼儿的主体地位等原则，详见第一关任务二的相关内容。

（三）活动目标的达成度

在幼儿园健康教育活动结束后，要对照原定的活动目标来评价该目标是否达成。但要注意的是，由于幼儿园教育具有工作周期长、教育对象复杂的特征，且个体的成长是一个长期、连续的发展过程，因而在对活动目标的达成度进行评价时，既要关注活动的即时效果，也应关注活动在幼儿发展中的潜在效应。

二、 对幼儿园健康教育活动准备的评价

对活动准备的评价可以从场地准备、材料准备、经验准备、学习情境创设四个方面进行。

（一）场地准备

幼儿园健康教育活动的实施场地包括室内和室外。在开展活动之前，教师应对场地进行全面规划，保障幼儿在活动中的舒适、安全。例如，室内健康教育活动"自己上厕所"的主要内容是认识班级厕所的环境、器具的使用方法及要求等，因此在活动开展前，教师应确保厕所地面干燥无水，以防幼儿滑倒；室外健康教育活动"快乐羊角球"的主要内容是学习羊角球的多种玩法，因此在开展活动前，教师

▲ 图5-2-1　场地准备

应预设幼儿可能生成的多种玩法及所需空间，选择宽阔的场地并对区域进行适当划分，以保证幼儿可以在不同区间舒适地进行小组探索和学习。

（二）材料准备

幼儿园健康教育活动所选用的材料，首先应保证其安全、卫生、无毒，其次应注意种类的丰富和数量的充足，最后是要注重利用率的问题，力求一物多用，尽可能多地运用生活中的已有材料或自然资源进行新材料的开发和利用。

▲ 图5-2-2　用牛奶盒拼接的大车轮　　▲ 图5-2-3　用牛奶罐制作的梅花桩

（三）经验准备

经验即人在实践过程中获得的知识和技能。在开展健康教育活动之前，教师应了解幼儿的学习起点，分析幼儿先前已掌握了哪些与本次活动有关的知识和技能，这样才能更好地把握幼儿的"最近发展区"。例如，在"我会刷牙"的健康教育活动中，主要目标之一是掌握正确的刷牙方法，因此幼儿应有的经验准备是：已经在日常生活中有自主刷牙的经验。

（四）学习情境创设

适宜的学习情境可以激发幼儿参与活动的主动性和兴趣。教师在组织幼儿园健康教育活动前，可以根据活动内容、幼儿的生活经验来创设一个生动有趣的模拟情境，让幼儿与情境中的人、事、物相互作用，建立学习与生活的桥梁。例如在体育活动"穿越烽火线"中，教师创设了"消防员救火"的场景，从而激发了幼儿参与本次体育活动的兴趣。

三、　对幼儿园健康教育活动内容的评价

（1）既要关注内容是否适合幼儿的现有水平，又要具有一定的挑战性；既要符合幼儿

的现实需要，又要有利于其长远发展；既要来源于幼儿的生活经验，又要能够拓展幼儿的视野。

（2）应关注内容是否兼顾全体需要和个体差异，使每个幼儿都能获得发展，都有成功感。

（3）应关注活动内容是否"超载"，是否能在预定的教学时间内有效完成。

（4）应关注活动内容对幼儿发展的价值和作用，以及是否能利用活动开展过程中出现的有价值的信息及时生成新的内容。

四、　对幼儿园健康教育活动过程的评价

幼儿园健康教育活动是一个综合而复杂的过程，因此，对活动过程的评价也是一个动态的评价过程。

（1）应关注是否遵循幼儿的学习特点和发展规律。幼儿园健康教育活动应寓于生活、游戏之中，融合各领域的内容，体现活动过程的综合性、趣味性、活动性。

（2）应关注是否能科学、合理地安排和组织活动。幼儿园健康教育活动的开展应有层次性，遵循由易到难、循序渐进的原则；在时间安排方面兼顾稳定性和灵活性，以满足个体间的需求差异；教师应主动转变角色，给予幼儿充分的自由选择和自主探索的时间。

（3）应关注教师能否在观察幼儿活动的过程中不断支持其学习与发展。教师应积极观察并分析幼儿在活动中的表现和反应，敏锐地觉察他们的需求，给予及时的应答和支持，形成良好的师幼互动。

五、　对幼儿园健康教育活动延伸的评价

活动结束后，要先评价教师是否设计了活动延伸部分，再评价教师设计的活动延伸是否具有可操作性，是否能促进幼儿的发展。

幼儿园健康教育活动评价如上所述，包括了目标评价、准备评价、内容评价、过程评价、延伸评价五个方面，但在实际的活动评价中，不建议刻板地对准指标按序评价，而是应根据活动开展的实际情况，有选择、有重点、综合性地进行评价。

活力加油站

大班健康教育活动评价实例：我们的心脏

执教：陈晓霞

一、活动背景

一次户外活动后，有个小朋友着急地对我说："老师，我生病了，你摸摸我这儿，跳得很厉害。"我一看，他正摸着自己的心脏。为了让幼儿能够深入地了解有关心脏的知识，学会保护心脏，揭开自己身体里的秘密，我组织了这次"我们的心脏"的活动。

二、活动目标

（1）了解心脏的重要功能和保护方法。

（2）进一步了解安全保健知识，会对自己的身体进行适当的保护。

（3）在活动中能与同伴、老师合作探究关于心脏的知识，并保持对心脏问题的探究兴趣。

三、活动准备

（1）物质准备：心脏挂图、心脏模型、听诊器、时钟、记录卡、笔、户外运动场地。

（2）经验准备：幼儿已对心脏的功能和位置有基本认识，知道心脏是人体的重要器官。

四、活动过程实录

1. 导入活动，引起幼儿的学习兴趣

师：昨天下午体育活动后，有个小朋友告诉我这儿（手放在心脏的位置）跳得很厉害，小朋友知道这是什么位置吗？

幼：心脏。

师：我想很多小朋友都想了解心脏，对不对？

幼：对。

师：所以，今天陈老师给大家带来了心脏的挂图、模型，还投放了听诊器。小朋友可以找一找、听一听，心脏的位置在哪里，还可以测一测我们的心跳。现在我们就分头去探索吧。

2. 幼儿自主探究活动——找心脏、测心跳

小朋友自由结伴并选择活动场所，通过看一看、听一听、摸一摸、测一测、记一记等活动来感受心脏的位置和心脏的跳动，教师巡回指导。

3. 组织幼儿户外活动，感受活动前和活动后心脏跳动的变化

师：好，小朋友都到老师这边来。刚才我们都去找了找自己的心脏，有些小朋友也测了测自己的心跳。现在我们要到户外去活动一下，然后比较活动前和活动后自己的心跳有什么不同。我们先来摸摸自己活动前的心跳，它是怎么跳的？

幼1：慢的。

幼2：怦——怦——

师：好吧，那我们走吧。

教师和幼儿一起到户外自由地进行体育活动。活动一段时间后，幼儿分组和教师、保健医生互相说说自己心跳和脉搏有什么变化。讨论结束后回活动室。

4.幼儿深入认识心脏的相关知识

师：是不是很累？现在请大家回到刚才的自选活动场所，测一测活动后的心跳和活动前有什么不同？

幼儿分组，第二次探究心脏；教师、保健医生分别对其进行指导。

师：好了，现在我们请保健医生为大家介绍一下有关心脏的知识，好不好？

幼：好。

保健医生结合心脏的挂图、模型向幼儿介绍心脏的位置、形状、大小、功能以及保护方法等知识。

5.幼儿讨论、总结心脏的保护方法

师：刚才医生为我们讲述了保护心脏的知识。那小朋友们知道了哪些保护心脏的方法吗？

幼儿自由讨论，得出结论：不要用力撞击心脏，要多休息、多锻炼，以及多吃蔬菜、多喝水，保证营养的供给。

五、活动延伸

师：陈老师会把听诊器和有关心脏的挂图、模型放在区角中，小朋友们平时有空的时候还可以去区角继续探索心脏的知识。回家以后，也可以帮爸爸妈妈、爷爷奶奶测一测心跳。

六、活动评价

1.该活动体现了教师对幼儿的关注以及对教育契机的把握

该活动源于幼儿对心跳加速现象的提问和讨论，这说明幼儿对心脏跳动的现象比较感兴趣，对这个问题有比较强的求知欲望。教师抓住了这个契机，通过小组合作探究、运动前后测量比较、保健医生讲解等形式巧妙地设计了这次活动。幼儿在活动中不仅获得了关于心脏的知识，而且在能力、情感与态度方面都获得了提升。

2.该活动体现了活动主体及学习方式的转变

传统的心脏知识讲解主要是"教师讲、幼儿听"，然后通过提问让幼儿复述已学知识。幼儿在学习的过程中比较被动，不是"幼儿想学"，而是"教师让幼儿学"。

教师侧重关注的是活动的即时效果，而忽略了活动中让幼儿强行记忆的内容是否真的可以给他们带来长久的影响。实际上，很多幼儿会在活动结束后没多久就忘记了那些知识点。然而，本次活动改变了传统的以教师为主体的教学设计理念，而是把幼儿放在活动的主体位置，在生活事件中自然引出活动，变"要我学"为"我要学"。本次活动所包含的学习方式多样，有开放的环境、丰富的区角、多种多样的材料，幼儿在活动中通过听一听、看一看、测一测、动一动、记一记等方式自主学习、主动发展。

3. 该活动体现了幼儿教育整合的理念

（1）资源的整合，即户内户外活动整合，以及幼儿园教师及保健医生共同指导活动。

（2）目标的整合，即幼儿的知识、能力、情感与态度等都在活动中得到了发展。

（3）内容的整合，即教师以"心脏"为主线，以健康为核心领域，整合了语言、社会、数学等其他领域的内容。

（4）方法的整合，即通过多种教学方法、手段开展活动，使活动生动有趣。

当然，这个活动中也存在着值得我们进一步思考之处。例如：如何提升师幼互动中的提问技巧？

小思考

请你尝试从幼儿园健康教育活动评价的其他角度对该活动进行评价。

任务超市

以下为自选任务，请同学们根据自己的学习情况进行选择性操作练习。

1. 请你制作一份关于"幼儿园健康教育活动评价维度与要求"的思维导图。

2. 对实习基地的幼儿园健康教育活动进行观察，选择其中的一个活动进行记录，并尝试评价。

3. 以2—3人为一组，根据所学知识，设计并组织一次幼儿园健康教育活动，邀请同班同学、任课教师、实习基地导师进行评价。

过关测验

一、选择题

1. 幼儿园健康教育评价的功能包括（　　　）。（可多选）

　　A. 导向功能　　　　　　　　　　　　B. 调整功能

　　C. 诊断功能　　　　　　　　　　　　D. 激励功能

2. 用某种方法将所有被评价对象按先后顺序排列的评价是（　　　）。

　　A. 相对评价　　　　　　　　　　　　B. 绝对评价

　　C. 质性评价　　　　　　　　　　　　D. 个体内差异评价

3. 在以下关于幼儿园健康教育活动准备的评价中，说法错误的是（　　　）。

　　A. 在开展活动之前，教师应对场地进行全面规划，保障幼儿在活动中的舒适、安全。

　　B. 在开展健康教育活动之前，教师应先了解幼儿的学习起点。

　　C. 幼儿园健康教育活动所选用的材料，首先应保证其多样性和全面性。

　　D. 教师在组织幼儿园健康教育活动前，可以根据活动内容、幼儿的生活经验来创设一个生动有趣的模拟情境。

二、实操题

在这门课程中，我们已经完成了多种类型的幼儿园健康教育活动的设计、组织和评价的相关练习，赶快把自己的作品整理一下，评一评自己在课程学习中的进步吧！

积分奖励

1. 在"过关测验"中，每答对一道选择题可在自己的知识分值上加1分（共3分）。

2. 在"过关测验"中，完成实操题的同学请根据自评、互评、师评的平均分，在自己的能力分值上加分（满分为10分）。

3. 完成第五关所有"任务超市"的同学，请在自己的素养分值上加5分，完成其中一项的加3分，一项都没有完成的不能加分。

请你算一算，你现在的累计积分是多少？

知识（　　　）　　　　能力（　　　）　　　　素养（　　　）

闯关分享

我说：

他说：

老师说：

主要
参考文献

ZHUYAO
CANKAO
WENXIAN

［1］顾荣芳.学前儿童健康教育［M］.北京：高等教育出版社，2017.

［2］赖运成，陈丽，叶一舵.我国幼儿心理健康状况及其测量和影响因素［J］.宁波大学学报（教育科学版），2015，37（05）：19—24.

［3］许军，胡敏燕，杨云滨，等.健康测量量表SF-36［J］.中国行为医学科学，1999（02）：70—72.

［4］姚本先，邓明.幼儿心理健康教育的目标、任务、内容与途径［J］.教育科学研究，2004（01）：40—46.

［5］孟昭兰.情绪心理学［M］.北京：北京大学出版社，2005.

［6］刘云艳，刘婷，周涛.运用情绪主题绘本开展幼儿情绪教育的理论基础与教学模式［J］.学前教育研究，2011（08）：50—54.

［7］张锐.幼儿教师的情绪教育观研究［D］.重庆：西南大学，2007.

［8］杨洋.以情绪主题绘本为载体促进大班幼儿情绪调节能力发展的行动研究［D］.西安：陕西师范大学，2017.

［9］梁拴荣.幼儿社会交往能力发展研究［J］.山西大学师范学院学报，1999（01）：61—63.

［10］王雪梅.幼儿社会交往能力的培养研究［J］.鞍山师范学院学报，2019，21（02）：61—64.

［11］曹中平.幼儿社会性发展与教育［M］.长沙：湖南师范大学出版社，2001.

［12］王振宇.学前儿童发展心理学［M］.北京：人民教育出版社，2004.

［13］龚楠.幼儿安全教育的主体及内容探讨［J］.科教文汇（上旬刊），2018（08）：84—85.

［14］秦溢，赵宜君.基于性侵防范的幼儿教师性教育开展情况的调查研究［J］.创新创业理论研究与实践，2019，2（13）：161—162.

［15］中国营养学会.中国居民膳食指南［M］.北京：人民卫生出版社，2016.

［16］刘小青.日本学前教育［M］.北京：文化艺术出版社，2017.

［17］劳拉·E·伯克.伯克毕生发展心理学：从0岁到青少年［M］.陈会昌，等，译.北京：中国人民大学出版社，2014.

［18］贺卓慧.大班幼儿对潜在危险的认知状况及其教育策略研究——以哈尔滨市城区幼儿园为例［D］.哈尔滨师范大学，2018.

［19］刘培平.立足幼儿，促进幼儿动作发展的策略［J］.读写算（教育教学研究），2014（49）：22.

［20］赵敏.幼儿园户外游戏的个案研究［D］.西安：陕西师范大学，2015.

［21］陶宏.幼儿体育教学活动实践手册［M］.上海：华东师范大学出版社，2017.

［22］韦裔菊.幼儿园户外体育游戏的教师支持研究［D］.桂林：广西师范大学，2019.

［23］王春燕，王秀萍，秦元东.幼儿园课程论［M］.杭州：浙江工商大学出版社，2018.

［24］Carole Sharman, Wendy Cross, Diana Vennis.观察儿童：实践操作指南（第三版）［M］.单敏月，王晓平，译.上海：华东师范大学出版社，2008.

［25］李晓巍.幼儿行为观察与案例［M］.上海：华东师范大学出版社，2017.